Grundstufe Deutsch

— 3. Ausgabe

Masahiko Ozono

Roland Schulz

Hiroshi Nishiwaki

Kohei Yukushige

SANSHUSHA

まえがき

いろんな人がいて，いろんな言葉があって，いろんな文化がある。だから，おもしろい。

　本書を手にされた皆さんは，どのようにドイツ語にたどり着いたのでしょうか。大学に入ったらドイツ語を勉強しようと決めていた人，大学に入ってみたらドイツ語の授業があった人，もしかしたら一度挫折して再チャレンジの人，また，大学以外の場で本書を手にしている人もいらっしゃると思います。さまざまな学習動機を持ったさまざまなレベルの学習者が，それぞれの形で，無理なくドイツ語学習に取り組めるようサポートする──これがこの本の基本的なコンセプトになっています。

　本書は，「読む・書く・聞く・話す」という 4 技能のバランスを配慮したドイツ語の初級総合教科書です。12 課で 12 の文法項目を学ぶというコンパクトな構成になっていますが，初めに学ぶべき内容は一つ一つ省略せずに取り上げました。今後専門的にドイツ語を学びたいという人も，十分ここからスタートできる構成になっています。

　一方で，外国語学習に苦手意識を持っている人たちがいることも私たちは知っています。とりわけそのような学習者のために，本書にはさまざまな工夫がちりばめられています。

- ● **メイン・ダイアローグ**では，身近で飾らない日常のシーンを再現。聞く練習，話す練習に集中できるよう，初めから単語の意味や日本語訳を提示しています。
- ● **文法**は，常にダイアローグと連動。言語運用に即した実際的な構成になっています。自宅でも学習できるよう，しっかりと解説を加えました。
- ● 運用能力の定着を目指す**練習**は，同じ単語や類似の言い回しが，少しずつパターンを変えながら繰り返し出てくるよう作られています。
- ● 練習の途中には，息抜きの**文化コーナー**。学習項目外という位置づけで，ドイツ語のテキストも入っています。音声データも用意されていますので，視覚と聴覚の両面から未知の言語を楽しんでください。
- ● 巻末の**動詞変化表**には，メイン・ダイアローグに出てくるすべての動詞とその他の箇所から重要な動詞を選んで掲載。例文とともに紹介しています。

　新しい外国語を学び始めるというのは，なんだか心躍るような体験です。まだ自分の知らない世界が待っている──それは新しい人との出会いであったり，新しい文化との出会いであったり。まずは，本書の登場人物であるハンナ，ティーロ，そしてナオキとの出会いが待っています。自分がなぜドイツ語にたどり着いたのかよく分からない人も，その意義については，これからゆっくり見つけていくことにしませんか。

　本書の作成にあたっては，三修社編集部の菊池暁さん，校正段階では清水邦子さんにお世話になりました。また佐藤睦美さんには，本書の各所にイラストを添えていただきました。この場を借りてお礼申し上げます。

三訂版について

　文化コーナーの情報をアップデートするとともに，特に「聞く」練習の充実を図りました。

著 者

INHALT
もくじ

ドイツ語圏地図

ヨーロッパ地図

Deutschland
Bundesrepublik
Deutschland
ドイツ連邦共和国

首都	Berlin
面積	35万7000km²
人口	8440万人
通貨	Euro ユーロ

Österreich
Republik
Österreich
オーストリア共和国

	Wien
	8万400km²
	910万人
	Euro ユーロ

Schweiz
Schweizerische
Eidgenossenschaft
スイス連邦

	Bern
	4万1000km²
	870万人
	CHF スイス・フラン

Liechtenstein
Fürstentum
Liechtenstein
リヒテンシュタイン公国

	Vaduz
	160km²
	3.9万人
	CHF スイス・フラン

Das Alphabet アルファベット

A a [aː] アー	H h [haː] ハー	O o [oː] オー	V v [faʊ] ファオ
B b [beː] ベー	I i [iː] イー	P p [peː] ペー	W w [veː] ヴェー
C c [tseː] ツェー	J j [jɔt] ヨット	Q q [kuː] クー	X x [ɪks] イクス
D d [deː] デー	K k [kaː] カー	R r [ɛr] エル	Y y [ýpsilɔn] ユプスィロン
E e [eː] エー	L l [ɛl] エル	S s [ɛs] エス	Z z [tsɛt] ツェット
F f [ɛf] エフ	M m [ɛm] エム	T t [teː] テー	
G g [geː] ゲー	N n [ɛn] エン	U u [uː] ウー	

英語にはなかった文字

Ä ä	[ɛː]	エー	▶ 日本語の「エー」
Ö ö	[ø:]	エー	▶ 唇を突き出して「エー」
Ü ü	[y:]	ユー	▶ 唇を突き出して「イー」
ß	[ɛstsét]	エスツェット	

} ウムラウト（変母音）

エスツェット

（現代ドイツ語で唯一の合体文字）

読んでみよう

EU	BRD	CD	DVD
VW	BMW	AG	GmbH

★辞書を引く場合，ä, ö, ü, ß はそれぞれ a, o, u, ss の箇所を引きます。

原 則

➡ アルファベットの発音が基本。

➡ 最初の母音を強く読みます。

➡ 強く読む母音は，あとの子音字が　▶ 一つなら長く。

　　　　　　　　　　　　　　　　　▶ 二つなら短く。

母 音　004　CD1-4

a	[aː / a]	Name	名前	Ball	ボール
e	[eː / ɛ]	Leben	生命	Messe	見本市
i	[iː / ɪ]	Kino	映画館	Kissen	クッション
o	[oː / ɔ]	Dom	大聖堂	Post	郵便局
u	[uː / ʊ]	Hut	帽子	Puppe	人形
ä	[ɛː / ɛ]	Träne	涙	Bälle	ボール（複数形）
ö	[øː / œ]	Öl	油	Köln	ケルン（地名）
ü	[yː / ʏ]	Übung	練習	Hütte	小屋
aa	[aː]	Aal	ウナギ		
ee	[eː]	Tee	お茶		
oo	[oː]	Boot	ボート		
ie	[iː]	Liebe	愛		
au	[aʊ]	Baum	木		
ei	[aɪ]	Eis	アイスクリーム		
eu, äu	[ɔy]	Euro	ユーロ	Bäume	木々（複数形）
母音 + h	（長音）	Bahn	鉄道		
-r, -er	[r, ər]	Bär	熊	Teller	皿

★ドイツ語ではすべての名詞を大文字で書き始めます。

※外来語は注意が必要

Café [kaféː カフェー] 喫茶店（◀フランス語）

Familie [famíːliə ファミーリエ] 家族（◀ラテン語）

E-Mail [iːmɛɪl イーメイル] E メール（◀英語）

Handy [héndi ヘンディ] 携帯電話（◀英語）

子 音

b と w	[b] – [v]	Band	リボン	Wand	壁
f と h	[f] – [h]	Fund	発見品	Hund	犬
j	[j]	Jacke	ジャケット		
l と r	[l] – [r]	Land	国	Rand	縁
s ＋母音	[z]	Sofa	ソファー		
ss, ß	[s]	Tasse	カップ	Fuß	足

ss と ß の使い分け

短母音＋ ss
それ以外は ß

v	[f]	Vogel	鳥		
w	[v]	Wasser	水		
z, tz	[ts]	Zimmer	部屋	Katze	ネコ

	a, o, u, au のうしろで [x]	Nacht	夜	Woche	週
ch		Kuchen	ケーキ	Bauch	腹
	それ以外で [ç]	Kirche	教会		
chs	[ks]	Fuchs	キツネ		
pf	[pf]	Apfel	リンゴ		
sch	[ʃ]	Schule	学校		
tsch	[tʃ]	Deutsch	ドイツ語		

sp-	[ʃp]	Spiegel	鏡		
st-	[ʃt]	Stuhl	椅子		

-b	[p]	Klub	クラブ		
-d	[t]	Abend	晩		
-g	[k]	Tag	昼		

-ig	[ɪç]	Honig	はちみつ		

Begrüßung und Verabschiedung
出会ったとき，別れるとき

Guten Morgen!
おはよう！

Guten Tag!
こんにちは！

Guten Abend!
こんばんは！

Gute Nacht!
おやすみ！

Auf Wiedersehen!
さようなら！

Tschüs!
バイバイ！

Hallo, ich heiße Naoki!
やあ，僕の名前はナオキ！

Hallo, Hanna! Wie geht's?
やあ，ハンナ！ 調子はどう？

Hallo, ich bin Thilo!
やあ，僕はティーロ！

Danke, gut! Und dir?
ありがとう，いいわよ！ あなたは？

Mir auch.
僕もいいよ

Zahlen 数字

1 eins	2 zwei	3 drei
4 vier	5 fünf	6 sechs	7 sieben
8 acht	9 neun	10 zehn
11 elf	12 zwölf

本書の構成と使い方のヒント

　本書は，読む・書く・聞く・話すという 4 技能バランスのとれたドイツ語の基礎的運用能力を養うことを目的としています。各課は，大きく「メイン・ダイアローグ」「文法」「練習」の 3 つの部分から成ります。

【メイン・ダイアローグ】

毎回，さまざまな日常のシーンを再現しています。何度も声に出して練習しましょう。

語彙をチェックしよう

すべての新出単語を取り上げ，さらに見開きの右側には本文の日本語訳を載せました。授業の前に一度目を通しておくと，ダイアローグの内容が聞き取りやすくなります。

言葉の感覚

ドイツ語的な発想や表現について，コラムで説明を加えています。

 ペアで練習しよう

シーンごとの表現を抜き出しました。それぞれの役になりきって役割練習をしましょう。

【文法】

本書全体を通して，文法説明は常にダイアローグと連動しています。生きた表現の背後にあるドイツ語のしくみを体系的に学んでいきましょう。

 キーセンテンス

各課のダイアローグには文法学習のためのキーセンテンスが必ず一つ含まれています。最初にそのセンテンスを取り上げ，何がその課で学習のポイントとなるのかを確認します。

言葉のかたち

続いて詳細に入ります。例文はダイアローグに出てきたものが中心です。空欄を埋めながら，一つ一つ確認していきましょう。また，折りに触れチェックコーナーを設けています。自分の手で辞書を引いてみましょう。ドイツ語の世界がぐっと広がるはずです。

【練習】

「メイン・ダイアローグ」「文法」で学んだことをトレーニングしていくコーナーです。五感を研ぎ澄まし，ドイツ語にたくさん触れましょう。コンシェルジュのオリーがサポートしてくれます。

文化コーナー

ちょっと一息入れて，ドイツの日常をのぞいてみましょう。

先に進もう

学習項目の周囲を眺めることによって，文法学習の見晴らしをよくするためのコーナーです。

Hallo! Ich heiße Hanna Maier und bin 20 Jahre alt. Ich studiere in Trier Anglistik und Kunst. Ich gehe gerne ins Kino, und ich reise auch gerne. Ich komme aus Lübeck in Norddeutschland.

Hanna Maier
ハンナ・マイアー

出身	リューベック
年齢	20 歳
専攻	英語学・文学, 芸術学
趣味	映画鑑賞, 旅行

Hallo, ich bin Naoki und komme aus Japan. Ich studiere für ein Jahr in Trier. Mein Studienfach ist Germanistik. Mein Hobby ist Schwimmen, und ich bin 21 Jahre alt.

出身	日本
年齢	21 歳
専攻	ドイツ語学・文学
趣味	水泳

Naoki Sato
佐藤直樹

Hallo, Leute! Ich bin Thilo. Ich komme aus Hamburg und studiere Jura und Romanistik. Meine Hobbys sind Fußball spielen und Krimis lesen. Ich bin auch 21 Jahre alt.

Thilo Müller
ティーロ・ミュラー

出身	ハンブルク
年齢	21 歳
専攻	法学, ロマンス語学・文学
趣味	サッカー, 推理小説

Hallo, ich bin Olli, eure Infothek! Ich bin 5 Jahre alt und ein Roboter der Firma „Roboter AG Berlin". Unter uns, Hanna ist echt mein Typ!

出身	ベルリン（ロボット工場）
年齢	5 歳
仕事	コンシェルジュ（情報担当）
特徴	ハンナが大好き

Olli
オリー

やあ，僕はナオキ　〜動詞の人称変化〜

009
CD1-9

学生寮のキッチンで。ナオキが入ってきます。

Naoki : **Hallo, ich heiße Naoki.**

Thilo : Hallo! Ich bin Thilo. Bist du neu hier?

Naoki : Ja. Ich komme aus Japan. Aus Kobe.

Und du? Woher kommst du?

Thilo : Ich komme aus Hamburg. Studierst du Germanistik?

Naoki : Ja. Und du? Was studierst du?

Thilo : Ich studiere Jura und Romanistik.

Vokabeln 語彙をチェックしよう

aus …から（英 *from*）▶ Ich komme *aus* … 私は…
　の出身だ（★出身地を言うときの決まり文句）

bin
bist
}< **sein** …である（英 *be*）

du 君は（英 *you*）

Germanistik ゲルマニスティク，ドイツ語学・文学

hallo やあ

Hamburg ハンブルク（地名）

heiß*e* < **heißen** …という名前だ

hier ここで（英 *here*）

ich 私は（英 *I*）

ja はい（英 *yes*）

Japan 日本

Jura 法学

komm*e*
komm*st*
}< **kommen** 来る（英 *come*）

neu 新しい，来たばかりの（英 *new*）

Romanistik ローマニスティク，ロマンス語学・文
　学

studier*e*
studier*st*
}< **studieren** 大学で学ぶ，専攻する

und そして（英 *and*）

was 何［を］（英 *what*）

woher どこから

★太字は基本単語 500

In der Küche des Studentenwohnheims. Naoki kommt herein.

ナオキ： やあ，僕はナオキ。

ティーロ： やあ！　僕はティーロ。新しく来たの？

ナオキ： うん。日本から来たんだ。神戸から。

　　　　 君は？　どこから来たの？

ティーロ： ハンブルク。専攻はゲルマニスティク？

ナオキ： うん。君は？　専攻は何？

ティーロ： 法学とローマニスティク。

● ●

Sprachgefühl　言葉の感覚

日本語ではふつう「専攻は何」と聞きますが，ドイツ語では「君は何を専攻しているの」。概して「誰々が…する」という行為表現が好まれます。

Partnerübung　ペアで練習しよう

イタリックの語句を自由に置き換えてみましょう。

010
CD1-10
Szene 1　どこから来たの？

Woher kommst du?　　　Ich komme aus *Hamburg*.

都市名	国名
Berlin	Deutschland
Tokio	Japan
London	England
Paris	Frankreich
Rom	Italien

011
CD1-11
Szene 2　専攻はゲルマニスティク？

Studierst du *Germanistik*?

● Ja, ich studiere *Germanistik*.
● Nein, ich studiere *Pädagogik*
und *Kunst*.

専攻名
Pädagogik
Geschichte
Medizin
Chemie
Biologie

やあ，僕はナオキ。

Hallo, ich heiße Naoki.

➡ heißen〈…という名前だ〉という動詞が用いられています。その動詞が主語 ich〈僕は〉に合わせて形を変えているのがポイントです。ドイツ語の動詞は主語の種類に応じて形を変えます。

Grammatik 言葉のかたち　① 動詞の人称変化

■ 人称代名詞

		単数		複数
1人称	ich	私は	wir	私たちは
2人称	du	君は	ihr	君たちは
3人称	er sie es	彼は 彼女は それは	sie	彼 [女] らは それらは

単数の sie〈彼女〉と複数の sie〈彼ら〉を混同しないように！

➡ドイツ語には人称と数(すう)に応じて以上の**人称代名詞**があります。

■ 動詞の人称変化

Ich _____ aus Japan.　　僕は日本から来たんだ。

Woher _____ **du**?　　君はどこから来たの？

➡ドイツ語の動詞は主語の人称・数に応じて語尾を変えます。これを**人称変化**と呼びます。

kommen 来る			
ich	komme	wir	komm**en**
du	komm**st**	ihr	komm**t**
er sie es	komm**t**	sie	komm**en**

◀**不定形** (komm + **en**)

◀**定形**

辞書で引くときは不定形で引くよ！

➡主語が決まっていない動詞は，その形が定まっていないということから，**不定形の動詞**（＝**不定詞**）と呼ばれます。ドイツ語の不定詞はふつう –en で終わります（一部 –n で終わるものもあります）。

➡一方，主語が決まれば，それに応じて動詞の形も定まります。それを**定形の動詞**（＝**定動詞**）と呼びます。

> 次の動詞の定形に対応する不定形（不定詞）は何でしょうか。辞書を引いて意味も確認してみましょう。
>
> (du) **trinkst**　▶不定詞 ＿＿＿＿＿＿＿＿　（意味　　　　　）
>
> (ich) **kaufe**　▶不定詞 ＿＿＿＿＿＿＿＿　（意味　　　　　）
>
> (er) **schwimmt**　▶不定詞 ＿＿＿＿＿＿＿＿　（意味　　　　　）

015
CD1-15

■ 平叙文と疑問文

| Ich | **komme** | aus Japan | . |

❷

僕は日本から来たんだ。

➡ ドイツ語の**平叙文**は定動詞を常に**2番目**に置くことがポイントです。複雑な構造の文については今後少しずつ学んでいきます。

| **Kommst** | du | aus Japan | ? |

❶

君は日本から来たの？

➡ **決定疑問文**（ja〈はい〉/ nein〈いいえ〉で答えられる疑問文）は定動詞を**文頭**に置いて作ります。

| Woher | **kommst** | du | ? |

君はどこから来たの？

➡ **補足疑問文**（woher〈どこから〉など疑問詞を用いる疑問文）では，疑問詞を文頭に置き，その後に定動詞を置きます。

016
CD1-16

■ 動詞 sein（英 be）

Ich ＿＿＿＿＿＿ Thilo.　僕はティーロ。

➡ **動詞 sein**〈…である〉は不規則に変化します。

sein			
ich	**bin**	wir	**sind**
du	**bist**	ihr	**seid**
er	**ist**	sie	**sind**

変化表で毎回 er, sie, es をあげるのは意味がないので，必要な場合をのぞいて，3人称単数は er で代表させるよ。

sie〈彼女〉を使うと sie〈彼ら〉と混乱するので er を使うね。

Sprechen 話してみよう

動詞の人称変化に慣れましょう。前もって変化形を完成させておき，それを使って会話練習をしましょう。

> Was *trinkst* du?

> Ich *trinke Tee*.

trinkst
trinke
kaufst
kauf..
studierst
studier..
spielst
spiel..

Tee
Germanistik
Eis
Tennis

Hören & Sprechen 聞いてみよう・話してみよう

動詞 sein を使った練習です。最初に下線部の語を書き取り，そのあとで語を自由に置き換えて会話練習をしましょう。

> Bist du _____?

> _____.

> Bist _____?

> _____.

● **Ja.**
● **Nein.**

Japaner
Japanerin
müde
durstig
Studentin
Student
Yumi
Paul

ドイツ語では国籍や職業名に
冠詞は付けないんだ。

Naoki ist Japaner!
Er ist Student!

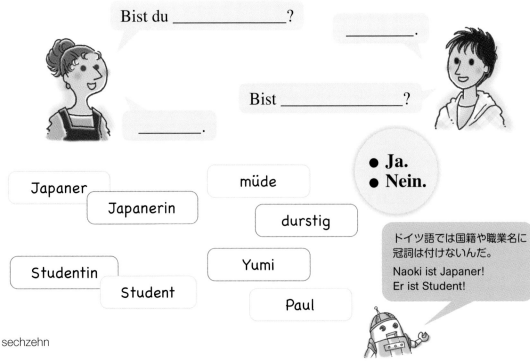

Kulturecke
文化コーナー

ドイツ語とドイツ語圏の国々

ドイツ語 (Deutsch) は 1990 年に再統一されたドイツ (Deutschland) で話されている言葉です。ほかに，オーストリア，スイス，リヒテンシュタインでも公用語 (あるいは公用語の一つ) とされています。

また，ルクセンブルク，ベルギー，イタリアなどでもドイツ語が話されている地域があります。かつて共産主義圏だった東ヨーロッパの国々においては，ロシア語に代わる外国語としてドイツ語が熱心に学ばれています。

ドイツの自然科学，医学，工学，法学，教育学などにおける業績には輝かしいものがあり，明治維新以降の日本近代化のお手本ともなりました。しかし，現在のドイツはむしろ，政治・経済面でヨーロッパを牽引する重要な地位を占めています。

ドイツという国は，ほかにも環境政策が進んだ国，ベンツなどの自動車生産国，あるいはサッカーが盛んな国などのイメージがありますね。

ライン川。スイスに発し，ドイツ，オランダを流れ，北海に注ぐ。

ドナウ川。ドイツのシュヴァルツヴァルトに発し，オーストリア，東欧諸国を流れ，黒海に注ぐ。

019
CD1-19

Hören 聞いてみよう

アルファベットから成るドイツ語の単語を聞き取ってみましょう。

例 ___CD___ CD

(1) _____ ワールドカップ

(2) _____ ドイツ鉄道

(3) _____ パソコン

Lesen 読んでみよう

ナオキとティーロ

Naoki und Thilo

Naoki und Thilo studieren in Trier. Naoki ist neu in Trier. Er kommt aus Japan und studiert Germanistik. Thilo kommt aus Hamburg. Er studiert Jura und Romanistik. Naoki schwimmt gern, und Thilo spielt gern Fußball.

Trier［トリーア］トリア（地名）　　gern 好んで　　Fußball サッカー

	richtig	falsch
例 ナオキとティーロはトリアの大学で勉強しています。	✓	☐
(1) ナオキは何年もトリアに住んでいます。	☐	☐
(2) ナオキは泳ぐのが好きです。	☐	☐
(3) ティーロはバスケットボールが好きです。	☐	☐

Einen Schritt weiter 先に進もう

021
CD1-21

■ 敬称の Sie

Woher kommen Sie?　（あなたは）どこからいらっしゃったのですか？

➡ ドイツ語では，2人称に関して，2種類の人称代名詞を使い分けます。du や ihr を用いるのは，家族，友人，学生どうしなどの親しい間柄です（＝**親称**）。一方，初対面の大人どうしの場合など，特に親しい間柄でない場合は，Sie を用います（＝**敬称**）。

kommen 来る			
ich	komme	wir	komme**n**
du	komm**st**	ihr	komm**t**
er	komm**t**	sie	komme**n**

親称

敬称　→　Sie komme**n**　〈あなた（たち）は〉

転用

➡ 敬称 Sie は3人称複数の sie を転用したもので，動詞の人称変化は同じです。常に大文字で書き始め，単数・複数の区別はありません。

Schreiben 書いてみよう

1 （　　）内の動詞を適切な形にして下線部に入れてみましょう。

(1) (trinken)

〇 _____ du Kaffee?

● Ja, ich _____ Kaffee.

(2) (trinken)

〇 Was _____ Sie gern?

● Ich _____ gern Tee.

敬称の Sie だ！

(3) (kommen)

〇 _____ Naoki aus Japan?

● Ja, er _____ aus Japan.

(4) の Sie は誰を指している？

(4) (kommen)

〇 Woher _____ Maria und Klaus?

● Sie _____ aus Deutschland.

2 与えられた語句を参考にドイツ語文を作ってみましょう。動詞を適切に変化させ，２番目に置いてください。

(1) ハンナはリューベックの出身です。

Hanna / aus Lübeck / kommen / .

_____

(2) 彼女はトリアに住んでいます。

sie / in Trier / wohnen / .

_____

(3) 彼女は大学生です。

sie / Studentin / sein / .

動詞は sein だ。
３人称単数の変化は？

LEKTION 2

あっちの方にあるのが郵便局 〜名詞の性〜

022
CD1-22

ティーロがナオキにトリアを案内しています。二人は広場で町の地図を見ています。

Naoki : Wo sind wir jetzt?

Thilo : Wir sind jetzt hier. **Da drüben ist die Post.**

Naoki : Und was ist das? Ist das das Rathaus?

Thilo : Nein, das ist nicht das Rathaus. Das ist das Theater.

Naoki : Ach so. Und dort ist der Bahnhof, oder?

Thilo : Ja, und da sind ein Kaufhaus und eine Kirche.

Naoki : Die Kirche ist schön!

Thilo : Ja, und sie ist auch sehr alt.

Vokabeln 語彙をチェックしよう

alt 古い（英 *old*）

auch さらに，その上に（英 *also*）

der **Bahnhof** 駅（英 *station*）

da そこに〈の〉（英 *there*）（★ dort より口語的）

das これ，あれ（英 *this, that*）

das
der （定冠詞）（英 *the*）（★ das は指示代名詞の
die das〈これ，あれ〉と同形なので注意）

dort あそこに〈の〉（英 *there*）（★ da より遠くを指して用いられることが多い）

drüben 向こう側に ▶ da *drüben* 向こうの方に

ein
eine （不定冠詞）（英 *a, an*）

ist < **sein** …である；ある，いる（英 *be*）（☞ 15 頁）

jetzt 今（英 *now*）

das Kaufhaus デパート（英 *department store*）

die **Kirche** 教会（英 *church*）

nein いいえ（英 *no*）

nicht …ない（否定）（英 *not*）

oder あるいは（英 *or*）▶ *..., oder?* …でしょう？

die **Post** 郵便局（英 *post office*）

das Rathaus 市役所

schön 美しい（英 *beautiful*）

sehr とても（英 *very*）

sie （先行する女性名詞を受けて）それは

sind < **sein** ある，いる（英 *be*）（☞ 15 頁）

das **Theater** [teá:tər テアーター] 劇場

wir 私たちは（英 *we*）（☞ 14 頁）

wo どこ（英 *where*）

◆ **Ach so.** ああ，そう。

Thilo zeigt Naoki Trier. Sie betrachten auf dem Marktplatz einen Stadtplan.

ナオキ： 僕たちは今どこにいるの？

ティーロ： 今ここ。**あっちの方にあるのが郵便局。**

ナオキ： じゃあ，あれは何？市役所？

ティーロ： いや，あれは市役所じゃないよ。あれは劇場。

ナオキ： ああ，そう。それで，あそこには駅があるんだよね？

ティーロ： うん，そしてあそこにデパートと教会。

ナオキ： 教会，きれいだね！

ティーロ： うん，そしてとても古いんだ。

> **Sprachgefühl** 言葉の感覚
> 今いる場所を尋ねるとき，日本語では「ここはどこ」と聞きますが，ドイツ語では「私は（私たちは）どこにいるの」と聞きます。

 Partnerübung ペアで練習しよう

イタリックの語句を自由に置き換えてみましょう。

023 CD1-23　Szene 1　あれは何？

Was ist das?　　Das ist *die Post*.

建物・施設（1）
der Bahnhof
der Dom
die Uni
das Rathaus
das Theater

024 CD1-24　Szene 2　あれは…？

Ist das *ein Kaufhaus*?

● Ja, das ist *ein Kaufhaus*.
● Nein, das ist *eine Schule*.

建物・施設（2）

| *der* *ein* Kindergarten | *die* *eine* Schule | *die* *eine* Kirche | *das* *ein* Krankenhaus |

 定冠詞 der/die/das は特定できる対象を示して「その…，例の…」（英 the）。
不定冠詞 ein/eine は不特定または任意の対象を示して「ある一つの…」（英 a, an）。

einundzwanzig **21**

025

CD1-25

Schlüsselsatz
キーセンテンス

あっちの方にあるのが郵便局

Da drüben ist die Post.

➡ Post〈郵便局〉という名詞が定冠詞とともに用いられています。冠詞の形が名詞の性によって異なるのがポイントです。ドイツ語では、すべての名詞に男性・女性・中性という3つの文法上の性があります。

Grammatik 言葉のかたち　② 名詞の性

026

CD1-26

■ 定冠詞・不定冠詞

文頭の指示代名詞 das〈これ，あれ〉は名詞の性とは無関係だよ！

Das ist **das Theater**. あれは劇場。

➡ 名詞の**文法上の性**に応じて定冠詞・不定冠詞の形が異なります。

	男性名詞	女性名詞	中性名詞
定冠詞 (英 the)	**der** Bahnhof 駅	**die** Post 郵便局	**das** Theater 劇場
不定冠詞 (英 a, an)	**ein** Bahnhof	**eine** Post	**ein** Theater
	▼	▼	▼
代名詞〈それ〉	**er**	**sie**	**es**

➡ 名詞を受けて用いられる代名詞も，名詞の性に応じて使い分けられます。

Die Kirche ist schön. Und **sie** ist auch sehr alt.　教会は美しい。そしてそれはとても古い。

【名詞の性】名詞の性の多くは恣意的で，必然性がありません。初めのうちは一つずつ覚えていくしかありません。実際にはいくつかの手がかりや大まかな傾向がないわけではありませんが，基本的な語彙ほど予測が難しいと言えます。少しずつ感覚を磨いていくしかなさそうです。

自分の辞書で Bahnhof の名詞の性がどう表示されているか確認してみましょう。

例1 **Bahn·hof** 男〔⊞² –[e]s / ⊞¹ ..höfe〕　例2 **Bahn·hof** *m* –[e]s / ..höfe

男女中と書かれていたり，*m f n* と書かれていたりするよ！

右側の情報は今後のお楽しみ

 辞書を引いて名詞の性を確認し，定冠詞・不定冠詞を入れてみましょう。

● 定冠詞　▶ _____Ball そのボール　　_____Tasse そのカップ　　_____Buch その本

● 不定冠詞　▶ _____Ball 1個のボール　_____Tasse 1個のカップ　_____Buch 1冊の本

027
CD1-27

 ■ 否定（nicht）

Das ist _____ das Rathaus. あれは市役所じゃないよ。

➡ 否定したい語句の直前に nicht（英 *not*）を置きます。上例では，「市役所」ではないということを伝えようとしていますので，nicht が das Rathaus の前に置かれています。

Thilo kommt heute **nicht**. ティーロは今日来ないよ。

➡ 一方，特定の語句を否定するのではない場合，原則として文末に nicht を置きます。

028
CD1-28

■ 語順（定動詞第2位）

Wir _____ _____ _____. 僕たちは今ここにいる。
　　　　❷

➡ ドイツ語の語順は日本語と似ています（つまり，英語とは異なります）。語句の配列は比較的自由ですが，動詞の位置だけが厳密に決まっています。日本語では文末，ドイツ語では平叙文の場合2番目です（＝**定動詞第2位**）。従って次のように考えることもできます。

➡ 語句を日本語と同じ順序に並べます。最後に来た動詞を人称変化させ，2番目に持っていきます。ドイツ語では必ずしも「主語＋動詞」の順番になるとは限りません。

Und [dort] [**ist**] [der Bahnhof] . そしてあそこには駅がある。
　　　　❶　　　❷

➡ 語句や文を並列的に結びつける und〈そして〉，aber〈しかし〉などの接続詞を**並列接続詞**と呼びます。並列接続詞は語順に影響を与えることはなく，文頭の語句にも数えません。

Sprechen 話してみよう

定冠詞 der, die, das を使って会話練習をしてみましょう。代名詞にも慣れましょう。

Ist *die Kirche* alt?

Ja, *sie* ist sehr alt.

○ r Bahnhof ○ s Rathaus ○ e Uni

○ e Kirche ○ s Haus

r = der, e = die, s = das で名詞の性を示しているよ。

Hören & Sprechen 聞いてみよう・話してみよう

今度は不定冠詞 ein, eine を使った練習です。最初に下線部の語を書き取り，そのあとで語を自由に
置き換えて会話練習をしましょう。

Hier, ein Geschenk!

Oh, danke! Was ist es?

_____!

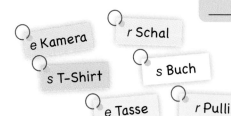

○ e Kamera ○ r Schal

○ s T-Shirt ○ s Buch

○ e Tasse ○ r Pulli

r → ein e → eine s → ein となるのを確認しよう！

031
CD1-31

Kulturecke
文化コーナー

Trier

Trier ist wohl die älteste Stadt in Deutschland. Sie ist über 2000 Jahre alt. Eine Sehenswürdigkeit ist die „Porta-Nigra " (lat.: schwarzes Tor), ein Stadttor noch aus römischer Zeit. An der Universität Trier kann man Japanologie studieren.

トリア

トリアはおそらくドイツ最古の町で，2000年以上の歴史を持つ。名所の一つにローマ時代から残る市門ポルタ・ニグラ（ラテン語で「黒い門」の意）がある。ちなみにトリア大学では日本学を学ぶことができる。

Marktplatz

Der Marktplatz ist der zentrale Platz in einer Stadt. Dort ist auch oft die Kirche sowie das Rathaus. Gerne nutzt man den Platz für Markttage oder Feste.

マルクト広場

マルクト広場は町の中心の広場で，ここに面して教会や市庁舎が立っていることも多い。しばしば市やお祭りにも使われる。

032
CD1-32

Hören 聞いてみよう

ドイツ人の名前を聞き取ってみましょう。

例 ｜P｜A｜U｜L｜ （男性名）

(1) ｜　｜　｜K｜　｜　｜ （男性名）

(2) ｜C｜L｜　｜　｜　｜　｜　｜ （女性名）

(3) ｜V｜E｜　｜　｜　｜　｜　｜　｜ （女性名）

Lesen 読んでみよう

トリアの町

Die Stadt Trier

Thilo zeigt Naoki Trier. Naoki fragt oft: „Was ist das?" Das Theater und die Post sind neu. Aber der Bahnhof ist nicht neu. Er ist alt, aber schön. Die Kirche ist auch sehr schön. Daneben ist ein Café. Thilo trinkt dort oft Kaffee.

zeigen (…に…を) 案内する　　fragen 質問をする　　oft しばしば　　„ " (ドイツ語の引用符)
daneben その隣に　　s Café [カフェー] 喫茶店

	richtig	falsch
(1) 駅は古くて，あまり美しくない。	☐	☐
(2) 教会はとても美しい。	☐	☐
(3) ティーロは喫茶店でよくコーヒーを飲みます。	☐	☐

Einen Schritt weiter 先に進もう

■ 冠詞・名詞の格変化 (概観)

	男性		女性		中性		意味はおおむね
1格	**der**	Ball ボール	**die**	Tasse カップ	**das**	Buch 本	▶ …が
2格	**des**	Ball[e]s	**der**	Tasse	**des**	Buch[e]s	▶ …の
3格	**dem**	Ball	**der**	Tasse	**dem**	Buch	▶ …に
4格	**den**	Ball	**die**	Tasse	**das**	Buch	▶ …を

	男性		女性		中性		
1格	**ein**	Ball	**eine**	Tasse	**ein**	Buch	▶ …が
2格	**eines**	Ball[e]s	**einer**	Tasse	**eines**	Buch[e]s	▶ …の
3格	**einem**	Ball	**einer**	Tasse	**einem**	Buch	▶ …に
4格	**einen**	Ball	**eine**	Tasse	**ein**	Buch	▶ …を

➡ 文中における名詞句の役割を**格**と呼びます。ドイツ語には1格・2格・3格・4格という4つの格があり，名詞が主に冠詞とともに**格変化**することによって文中での役割を示します。

➡ この課で学んだのは**1格**の形です。「AはBです」(A ist B) という場合，AもBも1格の形になります。
その他の格については，次回以降学んでいきます。

Schreiben 書いてみよう

1　（　　）内の名詞に適切な定冠詞を付けて下線部に入れてみましょう。*d..* は定冠詞を示しています。

(1)　(*d..* Computer)

○ Ist ＿＿＿＿＿＿ ＿＿＿＿＿＿＿＿＿＿＿ neu?

● Nein, er ist nicht neu.

-e で終わる名詞は
女性名詞が多いよ！
e Liebe 〈愛〉
e Lampe 〈ランプ〉
e Straße 〈通り〉
e Rose 〈バラ〉
e Schlange 〈蛇〉

(2)　(*d..* Tasche)

○ Ist ＿＿＿＿＿＿ ＿＿＿＿＿＿＿＿＿＿＿ teuer?

● Ja, sie ist sehr teuer.

(3)　(*d..* Fahrrad)

○ Ist ＿＿＿＿＿＿ ＿＿＿＿＿＿＿＿＿＿＿ teuer?

● Nein, es ist billig.

2　与えられた語句を参考にドイツ語文を作ってみましょう。*e..* は不定冠詞を示しています。

(1)　これは何ですか。

was / das / sein / ?

＿＿＿＿＿＿＿＿＿＿＿＿＿＿＿＿＿＿＿＿＿＿＿＿＿＿＿＿＿＿＿＿＿＿＿＿

(2)　これはコンピューターです。

das / *e..* Computer / sein / .

＿＿＿＿＿＿＿＿＿＿＿＿＿＿＿＿＿＿＿＿＿＿＿＿＿＿＿＿＿＿＿＿＿＿＿＿

(3)　あそこに教会が立っています。

dort / *e..* Kirche / stehen / .

＿＿＿＿＿＿＿＿＿＿＿＿＿＿＿＿＿＿＿＿＿＿＿＿＿＿＿＿＿＿＿＿＿＿＿＿

(4)　その隣に喫茶店があります。

daneben / *e..* Café / sein / .

＿＿＿＿＿＿＿＿＿＿＿＿＿＿＿＿＿＿＿＿＿＿＿＿＿＿＿＿＿＿＿＿＿＿＿＿

今小説を読んでいるところ 〜名詞の格変化〜

ナオキが大学のベンチに座っています。そこへハンナが通りかかります。

Hanna : Hallo, Naoki! Was machst du?

Naoki : Hallo, Hanna! **Ich lese gerade einen Roman.**

Hanna : Übrigens, Thilo hat morgen Geburtstag.

　　　　 Hast du schon ein Geschenk?

Naoki : Ja, ich schenke ihm einen Fußball. Und du?

Hanna : Ich habe noch kein Geschenk. Ich überlege noch.

　　　　 Wann schenkst du ihm denn den Fußball?

Naoki : Morgen Nachmittag.

Vokabeln　語彙をチェックしよう

den（4 格）< **der**（☞ 26 頁）

denn（質問の唐突さを和らげて）…なの？

ein
einen ｝（4 格）< **ein**（☞ 26 頁）

r Fußball　サッカーボール

r Geburtstag　誕生日（英 *birthday*）

gerade　今，ちょうど

s Geschenk　プレゼント（英 *present*）

haben　持っている（英 *have*）

hast
hat ｝< **haben**　持っている

ihm（3 格）< er

kein　一つも…ない（否定冠詞）

lesen　読む（英 *read*）

machen　する

morgen　明日（英 *tomorrow*）

r **Nachmittag**　午後 ▶ morgen *Nachmittag* 明日の午後

noch　まだ

r **Roman**　［長編］小説

schenken　贈る

schon　もう

überlegen　よく考える

übrigens　ところで

wann　いつ（英 *when*）

★　今後は *r* = der, *e* = die, *s* = das で名詞の性を示します。

Naoki sitzt auf einer Bank an der Uni. Hanna kommt vorbei.

ハンナ： こんにちは，ナオキ！何してるの？

ナオキ： やあ，ハンナ！**今小説を読んでいるところ。**

ハンナ： ところで，明日はティーロの誕生日よ。

　　　　プレゼント，もう用意してる？

ナオキ： うん，サッカーボールをあげるんだ。君は？

ハンナ： まだ準備していないの。まだ考えてるところ。

　　　　サッカーボールはいつあげるの？

ナオキ： 明日の午後。

> **Sprachgefühl** 言葉の感覚
> 日本語では「誕生日は明日」「明日は誕生日」と言うところですが，ドイツ語ではしばしば「明日誕生日を持っている」と表現します。

 Partnerübung ペアで練習しよう

イタリックの語句を自由に置き換えてみましょう。

 036 CD1-36 **Szene 1** 何してるの？

Was machst du？　　Ich *lese einen Roman*.

> 行為（…を…している）
> ... schreibe eine E-Mail
> ... lerne Deutsch
> ... backe einen Kuchen
> ... höre Musik

037 CD1-37 **Szene 2** 明日は…の誕生日。
プレゼント，もう用意してる？

Thilo hat morgen Geburtstag.
Hast du schon ein Geschenk？

Ja, ich schenke *ihm einen Fußball*.

> 誰に？ 何を？
> Tina – ihr einen Schal / Max – ihm eine CD / Julia – ihr ein Buch / Paul – ihm ein T-Shirt

今小説を読んでいるところ。

Ich lese gerade einen Roman.

➡ Roman〈小説〉という名詞が目的語として用いられています。それに応じて不定冠詞 ein が形を変えているのがポイントです。ドイツ語では，名詞が冠詞とともに格変化することによって文中での役割（「が・の・に・を」）を示します。

Grammatik 言葉のかたち　③ 名詞の格変化

■ 名詞の格変化 (4格)

男性・4格

Wann schenkst du ihm denn _____ **Fußball**?　いつ彼に（その）サッカーボールをあげるの？

Ich lese gerade _____ **Roman**.　今（1冊の）小説を読んでいるところ。

➡ 1格の次によく用いられるのが **4格** です。動詞の目的語として用いられ，ふつう「…を」という意味を表します。男性名詞のみ，冠詞の形が1格と異なります。

	男性		女性		中性			
1格	**der**	Ball ボール	**die**	Tasse カップ	**das**	Buch 本	▶	…が
4格	**den**	Ball	**die**	Tasse	**das**	Buch	▶	…を

	男性		女性		中性			
1格	**ein**	Ball	**eine**	Tasse	**ein**	Buch	▶	…が
4格	**einen**	Ball	**eine**	Tasse	**ein**	Buch	▶	…を

（完全な変化表 ☞ 26頁）

> 辞書を引いて名詞の性を確認し，定冠詞の1格と4格を入れてみましょう。
>
> ● _____ Rock ist cool! Ich kaufe _____ Rock.
>   そのスカートはクールだ！ 私はそのスカートを買う。
>
> ● _____ Hose ist cool! Ich kaufe _____ Hose.
>   そのズボンはクールだ！ 私はそのズボンを買う。
>
> ● _____ Hemd ist cool! Ich kaufe _____ Hemd.
>   そのシャツはクールだ！ 私はそのシャツを買う。

■ 人称代名詞の格変化

Ich schenke _____ einen Fußball.　僕は彼にサッカーボールをあげる。

➡ 人称代名詞も格変化します。

	単数					複数			転用 あなた（たち）
	1人称	2人称		3人称		1人称	2人称	3人称	
1格	ich	du	er	sie	es	wir	ihr	sie	Sie
3格〈…に〉	**mir**	**dir**	**ihm**	**ihr**	**ihm**	**uns**	**euch**	**ihnen**	Ihnen
4格〈…を〉	**mich**	**dich**	**ihn**	**sie**	**es**	**uns**	**euch**	**sie**	Sie

人称代名詞の2格は，現代ドイツ語ではふつう使われることはないよ。

041
CD1-41

■ 動詞 **haben**（英 *have*）

_____ du schon ein Geschenk?

あなたはもうプレゼントを持っている？

➡ 動詞 **haben**〈持っている〉は，du, er で不規則に
変化します。

haben			
ich	habe	wir	haben
du	**hast**	ihr	habt
er	**hat**	sie	haben

042
CD1-42

■ 否定（**kein**）

中性・4格

Ich habe noch _____ Geschenk.　私はまだプレゼントを持っていないの。

➡ ein を **kein** に変えることによって名詞を否定することができます。**否定冠詞**と呼ば
れます。不特定の対象に対して用い，格変化は ein と同じです。

	男性		女性		中性	
1格	**kein**	Ball	**keine**	Tasse	**kein**	Buch
2格	**keines**	Ball[e]s	**keiner**	Tasse	**keines**	Buch[e]s
3格	**keinem**	Ball	**keiner**	Tasse	**keinem**	Buch
4格	**keinen**	Ball	**keine**	Tasse	**kein**	Buch

043
CD1-43

■ 現在形の用法

Ich **lese** gerade einen Roman.　今小説を読んでいるところ。

Wann **schenkst** du ihm den Fußball?　　いつ彼にサッカーボールをあげるの？

➡ ドイツ語には英語の現在進行形に相当する形はありません。「（今）…している」とい
う表現には**現在形**を用います。また，未来の事柄に関してもふつう現在形をそのまま
用います。

Sprechen 話してみよう

定冠詞の4格を使って会話練習をしてみましょう。

Wann schenkst du *Leo den Fußball*?

Heute *Mittag*!

Vormittag

Mittag

Nachmittag

Abend

Leo / r Fußball

Anna / e Tasche

Frank / s Buch

Marie / e CD

Julia / r Schal

Lukas / s Hemd

定冠詞4格は r → den e → die s → das

Hören & Sprechen 聞いてみよう・話してみよう

今度は不定冠詞の4格を使った練習です。最初に下線部の語を書き取り，そのあとで語を自由に置き換えて会話練習をしましょう。

Hast du _____ _____?

● Ja, ich habe _____ _____

● Nein, ich habe _____ _____.

r Computer

e Tasche

e Uhr

s Fahrrad

r Bleistift

s Auto

不定冠詞（否定冠詞）4格は r → einen (keinen) e → eine (keine) s → ein (kein)

Kulturecke
文化コーナー

5月祭，ドイツの祝日

詩人ハイネ（Heinrich Heine, 1797-1856）がいとうるわしい月と名付けた5月，石造りの街にマイバウム（Maibaum = 5月の木）の色鮮やかなリボンがはためきます。

ドイツ最大の祝日はクリスマス（Weihnachten）です。それ以外にも，復活祭（Ostern）など，キリスト教に関連したものが多いのが特徴です。年によって日が動く移動祝日が多かったり，州限定の祝日があったり，祝日の様子も日本とはずいぶん異なっています。

ドイツの祝日で最近制定されたものに10月3日のドイツ統一の日（Tag der Deutschen Einheit）があります。第2次世界大戦後の冷戦の象徴だった東西両ドイツが再統一されたことを記念して，1990年に祝日となりました。

夏時間（Sommerzeit）

ドイツと日本の時差は通常8時間ですが，3月の最終日曜日から10月の最終日曜日までは時計を1時間進める夏時間となり，時差も7時間となります。夏は10時過ぎまで明るく，仕事が終わったあとのタベ（Feierabend）をゆったりと過ごします。ただ，最近ではこの夏時間の廃止が検討されています。

マイバウムは古くからの慣習に従い，
村の春のお祭りなどの際に立てられる。

ニュルンベルクのクリスマス市。
後ろに見えるのはフラウエン教会。

046
CD1-46

Hören 聞いてみよう

ドイツ人の名前のスペルを聞き取ってみましょう。

例　<u>T</u>-<u>H</u>-<u>O</u>-<u>M</u>-<u>A</u>-<u>S</u>　= Thomas（男性名）

(1)　___ - ___ - ___ - ___ - ___　（男性名）

(2)　___ - ___ - ___ - ___ - ___　（女性名）

(3)　___ - ___ - ___ - ___ - ___ - ___　（女性名）

Lesen 読んでみよう

誕生日プレゼント

Das Geburtstagsgeschenk

Thilo hat morgen Geburtstag. Naoki hat schon ein Geschenk, aber Hanna hat noch kein Geschenk. Naoki schenkt Thilo einen Fußball. Hanna backt ihm vielleicht einen Kuchen. Sie backt sehr gut Obstkuchen.

backen (ケーキなどを) 焼く　　vielleicht ひょっとしたら　　r Kuchen ケーキ　　gut 上手に
r Obstkuchen フルーツケーキ (Obst + Kuchen)

	richtig	falsch
(1) ナオキは明日サッカーボールを買います。	☐	☐
(2) ハンナとナオキはいっしょにケーキを焼きます。	☐	☐
(3) ハンナはフルーツケーキを焼くのが得意です。	☐	☐

Einen Schritt weiter 先に進もう

■ 人称変化のバリエーション

arbeiten 働く			
ich	arbeite	wir	arbeiten
du	**arbeitest**	ihr	**arbeitet**
er	**arbeitet**	sie	arbeiten

➡ 語幹が –t または –d で終わる場合，du, er, ihr で口調上の **e** を入れます。

heißen …という名前である			
ich	heiße	wir	heißen
du	**heißt**	ihr	heißt
er	heißt	sie	heißen

➡ 語幹が –s, –ß, –z など，[s] [ts] の音で終わる場合，**du** では **–t** のみを付けます。

■ kein と nicht の使い分け

Hast du Zeit?　　　　– Nein, ich habe **keine** Zeit.
時間がありますか？　　　いいえ，ありません。

Hast du das Buch?　　– Nein, ich habe das Buch **nicht**.
その本を持っていますか？　いいえ，持っていません。

➡ 不特定の対象 (＝不定冠詞を伴う名詞・無冠詞の名詞) に対しては kein を用います。一方，特定できる対象 (＝定冠詞を伴う名詞) に対しては nicht を用います。

Schreiben 書いてみよう

1 （　　）内の名詞に適切な形の定冠詞・不定冠詞を付けて下線部に入れてみましょう。*d..* は定冠
詞を，*e..* は不定冠詞を示しています。

(1) (*d..* Computer)

　　○ Kauft Klaus ＿＿＿＿＿＿ ＿＿＿＿＿＿＿ ?

　　● Ja, er kauft ihn.

(2) (*d..* Tasche)

　　○ Kauft Claudia ＿＿＿＿＿＿ ＿＿＿＿＿＿ ?

　　● Nein, sie kauft sie nicht.

(3) (*e..* Brief)

　　○ Schreibst du ＿＿＿＿＿＿ ＿＿＿＿＿ ?

　　● Ja, ich schreibe einen Brief.

(4) (*e..* Auto)

　　○ Hat Thilo ＿＿＿＿＿＿ ＿＿＿＿＿ ?

　　● Nein, er hat kein Auto.

> (1) の Er kauft ihn は
> 「彼はそれを買う」
> という意味だよ。

> 物を受ける代名詞は，
> 4 格も名詞の性に応じて，
> ihn, sie, es となるんだ！

2 与えられた語句を参考にドイツ語文を作ってみましょう。動詞以外の語順は変える必要はありま
せん。

(1) ラウラは明日誕生日です。

Laura / morgen / Geburtstag / haben / .

＿＿＿＿＿＿＿＿＿＿＿＿＿＿＿＿＿＿＿＿＿＿＿＿＿＿

> 「彼女に」（3 格）の形は？ ☞ 31 頁

(2) ナオキは彼女に時計をプレゼントします。

Naoki / sie（3 格で）/ *e..* Uhr / schenken / .

＿＿＿＿＿＿＿＿＿＿＿＿＿＿＿＿＿＿＿＿＿＿＿＿＿＿

(3) ハンナは明日ケーキを焼きます。

Hanna / morgen / *e..* Kuchen / backen / .

＿＿＿＿＿＿＿＿＿＿＿＿＿＿＿＿＿＿＿＿＿＿＿＿＿＿

お皿とカップとグラスはここよ！ ～名詞の複数形～

050
CD1-50

ハンナとナオキはデパートに来ています。

Naoki : Wo gibt es Geschirr?

Hanna : **Teller, Tassen und Gläser sind hier!**

Naoki : Gut, ich nehme einen Teller, eine Tasse und ein Glas.

Und ich brauche noch Obst!

Hanna : Was nimmst du? Äpfel? Bananen?

Naoki : Beides! Ich esse jeden Tag einen Apfel und eine Banane.

Hanna : Und brauchst du noch Kaffee? Heute ist er sehr billig.

Naoki : Wirklich? Dann nehme ich zwei Packungen.

Und eine Packung Tee.

Vokabeln 語彙をチェックしよう

r **Apfel**, *Äpfel*（複数形）リンゴ（英 *apple*）

e Banane, Banane*n*（複数形）バナナ（英 *banana*）

beides 両方とも

billig 安い（英 *cheap*）

brauchen 必要とする（英 *need*）

dann それなら（英 *then*）

essen 食べる（英 *eat*）

s Geschirr （集合的に）食器

s **Glas**, *Gläser*（複数形）グラス，コップ（英 *glass*）

gut 良い（英 *good*）▶ *Gut!* 結構だ！ オーケー！

heute 今日（英 *today*）

r **Kaffee** コーヒー（英 *coffee*）

nehmen 取る，買う（英 *take*）

nimmst < **nehmen** 取る，買う

s Obst （集合的に）果物

e Packung, Packung*en*（複数形）パック ▶ eine *Packung* Tee 紅茶 1 パック（★ eine Packung と Tee は同格）

r **Tag** 1 日，日（英 *day*）

e **Tasse**, Tasse*n*（複数形）カップ（英 *cup*）

r **Tee** 茶，紅茶（英 *tea*）

r Teller 皿（★単数と複数が同形）

wirklich 本当に（英 *really*）

zwei 2（英 *two*）

◆ **es gibt** ＋ 4格 …⁴ がある，いる（★ gibt は本来 geben〈与える〉の変化形）

◆ **jeden Tag** 毎日

Hanna und Naoki sind in einem Kaufhaus.

ナオキ： 食器はどこにあるんだろう？

ハンナ： **お皿とカップとグラスはここよ！**

ナオキ： オーケー，お皿を１つ，カップを１つ，グラスを１つ，買ってと。

それからあと果物がいるな。

ハンナ： 何にする？リンゴ？バナナ？

ナオキ： どっちも！ 毎日リンゴとバナナを食べてるんだ。

ハンナ： それからあとコーヒーはいる？今日とても安いわよ。

ナオキ： 本当？じゃあ２パック買おう。

そして紅茶を１パック。

> ### Sprachgefühl 言葉の感覚
> Geschirr〈食器〉や Obst〈果物〉は**集合名詞**で，単数形しかありません。ほかに抽象名詞，物質名詞なども，ふつう単数形だけです。

 Partnerübung ペアで練習しよう

イタリックの語句を自由に置き換えてみましょう。

051
CD1-51

`Szene 1` あと何がいる？

Was brauchst du noch?

Ich brauche noch *ein Glas* und *zwei Tassen*.

> **食器**
> einen Teller / sieben Teller
> eine Tasse / zwei Tassen
> ein Glas / vier Gläser

052
CD1-52

`Szene 2` 今日はコーヒーがとても安いわよ！

Heute ist *Kaffee* sehr billig!

Wirklich? Dann nehme ich *zwei Packungen*.

> **食べ物・飲み物と容器**
> Tee – eine Packung / Cola – eine Flasche / Bier – fünf Flaschen
> Honig – ein Glas / Marmelade – drei Gläser

お皿とカップとグラスはここよ！

Teller, Tassen und Gläser sind hier!

➡️ Teller〈皿〉，Tasse〈カップ〉，Glas〈グラス〉という名詞がそれぞれ複数形で用いられています。英語と同様，ドイツ語にも単数形と複数形の区別があるというのがポイントです。ドイツ語の複数形には５つのタイプがあります。

Grammatik 言葉のかたち　④ 名詞の複数形

■ 複数形

| ein Apfel | 1 個のリンゴ | ▶ zwei _____ | 2 個のリンゴ |
| eine Banane | 1 本のバナナ | ▶ zwei _____ | 2 本のバナナ |

➡️ ドイツ語の**複数形**には５つのタイプがあります。

	単数形		複数形	
無語尾式	Teller	–	**Teller**	皿
	Apfel	–	**Äpfel**	リンゴ ◀
–e 式	Brot	–	**Brote**	パン
	Topf	–	**Töpfe**	鍋 ◀
–er 式	Ei	–	**Eier**	卵
	Glas	–	**Gläser**	グラス ◀
–[e]n 式	Tasse	–	**Tassen**	カップ
	Uhr	–	**Uhren**	時計
–s 式	Auto	–	**Autos**	車

ウムラウトする場合あり！

【複数形】複数形も，名詞の性と同様，初めのうちは一つずつ覚えていくしかありません。基本的な語彙を学びながら，少しずつ感覚を磨いていきましょう。分かりやすいところで言えば，–s 式は英語やフランス語などの外来語に主に用いられます。

┃ 自分の辞書で Apfel の複数形がどのように示されているか確認してみましょう。
例 1　**Ap·fel** 男〔嘆²–s / 複¹ Äpfel〕　　例 2　**Ap·fel** *m* –s / Äpfel

左側は単数 2 格で，右側が複数 1 格だよ。　　　　辞書を引くときは単数形で！

辞書を引いて次の語の複数形または単数形を調べてみましょう。意味も確認してください。

● *r* **Hund**　単数形 ◀▶ 複数形 _____　　　（意味　　　　　　　）

● *e* _____　単数形 ◀▶ 複数形 **Katzen**　　　（意味　　　　　　　）

● *s* _____　単数形 ◀▶ 複数形 **Kinder**　　　（意味　　　　　　　）

055

CD1-55 ■ 複数形の格変化

4格

Dann nehme ich zwei _____ !　じゃあ2パック買おう！

➡ 複数形の格変化は名詞の性に関係がありません。3格で名詞に –n が付きます。

	定冠詞	不定冠詞▶なし	【注意】			
1格	**die** Äpfel	– Äpfel	**die** Tassen		**die** Autos	
2格	**der** Äpfel	– Äpfel	**der** Tassen		**der** Autos	
3格	**den** Äpfel**n**	– Äpfel**n**	**den** Tassen		**den** Autos	
4格	**die** Äpfel	– Äpfel	**die** Tassen		**die** Autos	

➡ ただし，複数形が元々 –n で終わっている場合や –s で終わっている場合は，複数3格の –n は付けません。

056

CD1-56 ■ 不規則動詞

Was _____ du?（◀ nehmen 取る，買う）

あなたは何にする？

➡ 動詞の中には du, er で語幹の母音が変化するものがあります。大きく分けて，**a ▶ ä** のタイプと **e ▶ i / ie** のタイプの2つがあります。これらは**不規則動詞**（= 過去形や過去分詞が不規則なもの ☞ 116頁）の一部です。

fahren （乗り物で）行く			
ich	fahre	wir	fahren
du	**fährst**	ihr	fahrt
er	**fährt**	sie	fahren

nehmen 取る			
ich	nehme	wir	nehmen
du	**nimmst**	ihr	nehmt
er	**nimmt**	sie	nehmen

nehmen は子音字も変化しているので注意！
辞書では不規則動詞の見出し語に「*」が付いているよ。

Sprechen 話してみよう

前もって名詞の複数形を記入しておき，それを使って会話練習をしましょう。

Wie viele *Äpfel* kaufst du?

- Ich kaufe *fünf Äpfel.*
- Ich kaufe *einen Apfel.*

1 eins	*r* Apfel	*e* Tomate	*e* Gurke	7 sieben
2 zwei	Äpfel			8 acht
3 drei				9 neun
4 vier				10 zehn
5 fünf				11 elf
6 sechs				12 zwölf

s Brot   *s* Ei   *s* Brötchen

wie viele ＋複数名詞 で「いくつの…」

Hören & Sprechen 聞いてみよう・話してみよう

年齢を尋ねる練習です。最初に下線部の語を書き取り，そのあとで語を自由に置き換えて会話練習をしましょう。数字はアルファベットで書いてください。

Wie alt bist du?

- Ich bin _____.
- Ich bin _____ *Jahre alt.*
Und du?

18 (achtzehn)
19 (neunzehn)
20 (zwanzig)
それ以外は ☞ 42頁

- _____.
- *Ich auch.*

Kulturecke
文化コーナー

Supermarkt

Seit 2022 ist der Verkauf von Plastiktüten an der Kasse im Supermarkt gesetzlich verboten. Die Kunden bringen ihre eigene Einkaufstasche mit. Man reduziert dadurch den alljährlichen Plastikmüll und schont somit die Umwelt.

スーパーマーケット

スーパーでのレジ袋販売は2022年に禁止された。買い物客はマイバッグを持参する。それによりプラごみが削減され環境保全へとつながる。

Markttag

Der Markttag findet einmal oder mehrmals pro Woche statt. Die Landwirte verkaufen auf dem Marktplatz Obst und Gemüse, z.B. Kartoffeln.

市の立つ日

市は週に一回または数回開かれる。農家の人たちが市のための広場で果物や野菜，例えばジャガイモなどを売る。

Hören 聞いてみよう

電話番号を聞き取ってみましょう。

(1) ドイツの警察： ___ ___ ___

(2) ベルリンの日本大使館： 0 ___ ___ - 2 ___ 0 ___ ___ ___

(3) 大阪ドイツ文化センター： ___ ___ - 6 ___ ___ 0 - ___ ___ ___ ___

0 = null 2 = zwei / zwo
電話などでは zwei は zwo と読まれるよ。drei と間違えないようにするためなんだ。

Lesen 読んでみよう

Naoki braucht Geschirr

Naoki kauft eine Tasse, einen Teller und ein Glas. Das Glas ist blau, die Tasse und der Teller sind weiß. Hanna kauft zwei Packungen Tee. Kaffee, Tee und Wasser sind im Angebot. Hanna trinkt auch gern Bier, aber es ist heute nicht im Angebot.

blau 青い　　weiß 白い　　s Wasser 水　　im Angebot 特価の

	richtig	falsch
(1) ナオキは青い皿を買います。	☐	☐
(2) ハンナはビールが好きです。	☐	☐
(3) 今日はコーヒー，水，ビールがお買い得です。	☐	☐

Einen Schritt weiter 先に進もう

■ ドイツ語の数

1 eins	2 zwei	3 drei	4 vier	5 fünf
6 sechs	7 sieben	8 acht	9 neun	10 zehn
11 elf	12 zwölf	13 dreizehn	14 vierzehn	15 fünfzehn
16 sechzehn	17 siebzehn	18 achtzehn	19 neunzehn	20 zwanzig

21 ein**und**zwanzig　　22 zwei**und**zwanzig　　23 drei**und**zwanzig　......

......　　30 dreißig　　40 vierzig　　50 fünfzig

60 sechzig	70 siebzig	80 achtzig	90 neunzig	100 [ein]hundert

101 hunderteins ...... 200 zweihundert ...... 234 zweihundertvierunddreißig ......

1 000　[ein]tausend

10 000　zehntausend

100 000　[ein]hunderttausend

1 000 000　eine Million　　　　　　　　0 null

Schreiben 書いてみよう

1 指示に従って下線部の名詞を複数形にして全文を書き換えてみましょう。

(1) 「1 軒の家」→「2 軒の家」

Dort steht <u>ein Haus</u>.

主語が複数形になると
動詞の形も変わるよ！

→ _____

(2) 「1 人の子供」→「3 人の子供たち」

Dort spielt <u>ein Kind</u>.

→ _____

(3) 「その子供に」→「その子供たちに」（定冠詞・複数）

Ich kaufe <u>dem Kind</u> einen Kuchen.

複数 3 格の語尾に注意！ ☞ 39 頁

→ _____

(4) 「1 個のメロンを」→「メロンを」（無冠詞・複数）

Ich kaufe <u>eine Melone</u>.

→ _____

2 与えられた語句を参考にドイツ語文を作ってみましょう。

呼びかけの Thilo の前には
コンマを打つよ。

(1) あなたは何を買うの，ティーロ？

was / du / kaufen / , / Thilo / ?

_____

(2) 僕はパンを 1 個とリンゴを買う。

ich / *e*.. Brot / und / Äpfel（無冠詞・複数で）/ kaufen / .

_____

der Apfel – *die* Äpfel　　*die* Melone – *die* Melonen　　*das* Brot – *die* Brote　　*der* Kuchen – *die* Kuchen

夏休みには何をするの？ ～前置詞～

063
CD1-63

ティーロとハンナは学食でお昼を食べています。

Thilo : **Was machst du in den Sommerferien?**

Hanna : Im August fliege ich nach Italien.

Thilo : Nach Italien?

Hanna : Ja, zu einer Freundin. Sie arbeitet

bei einer Firma in Rom. Und du?

Thilo : Ich fahre mit Naoki nach München. Für eine Woche.

Hanna : Fahrt ihr mit der Bahn?

Thilo : Nein, wir fahren mit dem Auto.

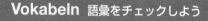

Vokabeln 語彙をチェックしよう

arbeit*et* < **arbeiten** 働く（英 *work*）(☞ 34 頁)

r **August** 8 月（英 *August*）

s **Auto** 車（英 *car*）

e Bahn 鉄道（★ドイツではふつう Deutsche Bahn〈ドイツ鉄道〉のこと）

bei〔＋ 3 格 〕…³ のもとで，…³ のところで

einer（3 格）< **eine**（☞ 26 頁）

fahren（乗り物で）行く

e Firma 会社

fliegen 飛ぶ，飛行機で行く（英 *fly*）

e Freundin（女性の）友達

für〔＋ 4 格 〕…⁴ の間（期間）（英 *for*）

ihr 君たちは（英 *you*）(☞ 14 頁)

im < **in** + dem

in〔＋ 3 格 〕…³ で（場所），…³ に（時点）（英 *in*）

Italien [itá:liən イターリエン] イタリア

mit〔＋ 3 格 〕…³ と（同伴），…³ で（手段）

München ミュンヘン（地名）

nach …へ（★ふつう無冠詞の地名や方角と）

Rom ローマ（地名）

Sommerferien [..fe:riən ゾンマー・フェーリエン] 夏休み（複数名詞）（**Sommer** + Ferien）

e **Woche** 週（英 *week*）

zu〔＋ 3 格 〕…³ へ，…³ のところへ（英 *to*）

Thilo und Hanna essen in der Mensa zu Mittag.

ティーロ： 夏休みには何をするの？

ハンナ： ８月にイタリアへ行くわ。

ティーロ： イタリアへ？

ハンナ： そう，友達のところへ。その友達，ローマの会社で働いているの。

あなたは？

ティーロ： ナオキとミュンヘンへ行く。１週間ね。

ハンナ： 電車で行くの？

ティーロ： いや，車で行くんだ。

> **Sprachgefühl 言葉の感覚**
> 場所や方向を表す前置詞には bei, in,
> nach, zu などいろいろあります。前置
> 詞はできるだけ名詞とセットにして学
> 習しましょう。

 Partnerübung ペアで練習しよう

イタリックの語句を自由に置き換えてみましょう。

064
CD1-64

Szene 1 休みには何をするの？

Was machst du
in den Ferien?

Ich fahre *mit Naoki nach München*.

mit	nach
einer Freundin	Hamburg
einem Freund	Frankfurt
Anna	Bremen
Alex und Tina	Nürnberg

065
CD1-65

Szene 2 鉄道で行くの？

Fahrt ihr *mit der Bahn*?

Nein, wir fahren *mit dem Auto*.

> 乗り物（…で）
> mit dem Bus / mit dem Fahrrad / mit dem Motorrad / mit dem BMW von Paul

 Hallo Leute! ドイツの自動車メーカー，いくつ知ってるかな。
Audi / BMW / Mercedes Benz / Opel / Porsche / VW (Volkswagen)

066
CD1-66

Schlüsselsatz
キーセンテンス

夏休みには何をするの？

Was machst du in den Sommerferien?

➡ Sommerferien〈夏休み〉という名詞（複数名詞）が前置詞 in とともに用いられています。その名詞が3格になっているのがポイントです。ドイツ語の前置詞は，2格・3格・4格のうち，いずれかの格と結びつき，これを前置詞の格支配と呼びます。

Grammatik 言葉のかたち　⑤ 前置詞

067
CD1-67

■ **3格支配の前置詞**

女性・3格

Sie arbeitet **bei** ＿＿＿＿＿＿ **Firma** in Rom. 彼女，ローマの（ある）会社で働いているのよ。

> **aus** …の中から　**bei** …で　**mit** …と；…で　**nach** …のあとで；…へ　**von** …の；…から　**zu** …へ

➡ 3格の名詞と結びつく前置詞です。

068
CD1-68

■ **4格支配の前置詞**

女性・4格

Für ＿＿＿＿＿ **Woche.** 1週間。

> **durch** …を通って　**für** …の間；…のために　**gegen** …に対して；…頃　**um** …の周りに；…時に

➡ 4格の名詞と結びつく前置詞です。

これ以外に2格支配の前置詞もあるよ。
例：**während** des Essens〈食事の間に〉

069
CD1-69

■ **3・4格支配の前置詞**

女性・3格

Thilo und Hanna essen **in der Mensa** zu Mittag. ティーロとハンナは学食でお昼を食べています。

> **an** …の際　**auf** …の上　**hinter** …の後ろ　**in** …の中　**neben** …の隣
> **über** …の上の方　**unter** …の下　**vor** …の前　**zwischen** …の間

➡ 3格または4格の名詞と結びつく前置詞です。

in die Mensa	**in der** Mensa	**vor die** Mensa	**vor der** Mensa
学食の中へ	学食の中で	学食の前へ	学食の前で
方向＝4格	場所＝3格	方向＝4格	場所＝3格

➡「方向」を表す場合は4格の名詞と，「場所」を表す場合は3格の名詞と結びつきます。

070
CD1-70

■ 前置詞と冠詞の融合形

am	< an dem	**ans**	< an das	**beim**	< bei dem	**im**	< in dem
ins	< in das	**vom**	< von dem	**zum**	< zu dem	**zur**	< zu der

Hanna geht **ins** Kino. ハンナは映画を見に行く。

➡ いくつかの前置詞は，ふつう定冠詞と融合した形で用いられます。

定冠詞で対象を強く指示したい場合だけ，融合させずに使うよ。
例：Hanna geht in **das** Kino.〈ハンナはその映画館に行く。〉

下線部の前置詞句の中の名詞の性と格を書き出し，前の頁の前置詞一覧で格支配を確認してみましょう。

● Naoki kommt **aus** dem Zimmer. （ 中 性・ 3 格 ）
● Er geht **durch** die Stadt. （ 性・ 格 ）
● Eine Katze springt **auf** den Tisch. （ 性・ 格 ）
● Jetzt schläft die Katze **auf** dem Tisch. （ 性・ 格 ）

schläft の不定形は
schlafen〈眠っている〉。
a → ä タイプの
不規則動詞だよ！ ☞ 39 頁

071
CD1-71

■ 語順（文頭）

Im August		**fliege**		ich nach Italien	.	8 月には私はイタリアへ行くの。
❶		❷				

➡ **文頭**の im August はひとまとまりです。定動詞はまとまりで数えて 2 番目に来ます。文頭にはふつう文のテーマ（「…に関して言うと」「…は」）が置かれます（動詞の位置 ☞ 23 頁）。

072
CD1-72

■ 名詞の格変化（3 格）　　　　　　　　　　　（完全な変化表 ☞ 26 頁，39 頁）

	男性		女性		中性		複数	
1 格	**der**	Ball ボール	**die**	Tasse カップ	**das**	Buch 本	**die**	Äpfel リンゴ
3 格	**dem**	Ball	**der**	Tasse	**dem**	Buch	**den**	Äpfel**n**

	男性		女性		中性		複数	
1 格	**ein**	Ball	**eine**	Tasse	**ein**	Buch	–	Äpfel
3 格	**einem** Ball		**einer** Tasse		**einem** Buch		–	Äpfel**n**

➡ **3 格**は動詞の目的語として用いられた場合，「…に」という意味を表します。ただし前置詞と用いられた場合，意味を担うのは前置詞の方です（「が・の・に・を」は関係ありません）。

Sprechen 話してみよう

方向を表す前置詞表現を使って会話練習をしてみましょう。

Wohin gehst du?

Ich gehe *in die Bibliothek*.
Und du?

Ich gehe *ins Kino*.

(r) → in den
(e) → in die
(s) → ins

○ *e* **Bibliothek**
○ *e* Mensa
○ *s* Theater
○ *s* **Kino**
○ *r* Supermarkt
○ *r* Zoo

3・4格支配の前置詞が，4格と使われて「方向」を表すパターンだよ！

Hören & Sprechen 聞いてみよう・話してみよう

今度は場所を表す前置詞表現の練習です。最初に下線部の語を書き取り，そのあとで語を自由に置き換えて会話練習をしましょう。

Wo ist die Zeitung?

Sie liegt ＿＿＿ ＿＿＿ ＿＿＿＿.

auf / unter

(r) → dem
(e) → der
(s) → dem

○ *r* Tisch
○ *r* Stuhl
○ *s* Sofa
○ *e* Kommode
○ *s* Bett

3・4格支配の前置詞が，3格と使われて「場所」を表すパターンだ！

Kulturecke
文化コーナー

EU とユーロ

欧州連合（EU，ドイツ語読みは［エー・ウー］）は，1992 年に調印されたマーストリヒト条約によって創立され，2023 年現在 27 カ国が加盟しています。EU はさまざまな法制度を通じて，外交，経済，産業などさまざまな分野でグローバルな影響力を持つようになりました。ニュースなどではヨーロッパと言うだけで EU を指している場合も多く見かけます。

ただし EU に加盟していない国もあります。ノルウェー，アイスランド，それからドイツ語圏ではスイス，リヒテンシュタインなどです。また，2020 年には EU の主要国であったイギリスが EU から離脱するということがありました。

EU は次第に大きな経済圏を形成するようになりましたが，加盟国のうちドイツを含む 20 カ国がユーロ（Euro［オイロ］）を通貨として導入しています。ユーロの発行元であるヨーロッパ中央銀行の本部はドイツのフランクフルトにあります。ユーロの補助単位はセント（Cent［セント / ツェント］）で，1 ユーロは 100 セントです。ただし 6 ユーロ 50 セントは，ふつう 6,50 Euro と表記し，sechs Euro fünfzig のように読みます。

ところで，EU には国歌に相当する EU の歌があることを知っていましたか。ベートーヴェンの交響曲第 9 番「歓喜の歌」です。日本では「第九」として親しまれていますね。

フランクフルト・アム・マインの
ヨーロッパ中央銀行本部（右側の
高い建物）。

ユーロマークのオブジェ。青色と 12 個
の金の星は欧州旗と同じ。

075
CD1-75

Hören　聞いてみよう

ドイツの自動車ナンバープレートのアルファベットと数字を聞き取ってみましょう。

例　T R – X B – 3 2

(1) ＿＿ - ＿＿ ＿＿ - ＿＿ ＿＿

(2) ＿＿ - ＿＿ ＿＿ - ＿＿ ＿＿

(3) ＿＿ ＿＿ - ＿＿ ＿＿ - ＿＿ ＿＿

最初のアルファベットは
町の名前を示しているよ。
TR = Trier
F = Frankfurt am Main
B = Berlin
HH = Hansestadt Hamburg

夏休み

Die Sommerferien

Hanna fliegt im August für zwei Wochen nach Italien, und Thilo fährt im September mit Naoki nach München. Sie fahren mit Pauls Auto. Paul ist ein Freund von Thilo. Von Trier bis nach München fährt man fünf Stunden mit dem Auto.

fährt < fahren（乗り物で）行く　　Pauls Auto パウルの車　　von …の（所属）；…から（起点）
bis nach …まで　　man（一般に）人は　　e Stunde, –n [1] 時間

	richtig	falsch
(1) ハンナはイタリアに 3 週間滞在する予定です。	☐	☐
(2) ハンナはパウルの車を借りて出かけます。	☐	☐
(3) トリアからミュンヘンまで車で 5 時間です。	☐	☐

man は特定の人を指さずに「人は，人々は」という意味。不定代名詞と呼ばれ，文頭以外では小文字で書くんだ。多くの場合，日本語には訳さない方が自然だよ。

Einen Schritt weiter 先に進もう

■ da ＋前置詞

daneben その隣に（< neben …の隣に）　　**da**nach そのあとで（< nach …のあとで）

➡ **da**– は前置詞と結びついて，事物を表す人称代名詞・指示代名詞「その」の代わりをします。前置詞が母音で始まる場合は **da**r**in**〈その中に〉のように r を入れます。

■ ドイツ語の月　▶ im Januar 1 月に

Januar	1 月	Februar	2 月	März	3 月	April	4 月
Mai	5 月	Juni	6 月	Juli	7 月	August	8 月
September	9 月	Oktober	10 月	November	11 月	Dezember	12 月

■ ドイツ語の曜日　▶ am Montag 月曜に

Montag 月曜	Dienstag 火曜	Mittwoch 水曜	Donnerstag 木曜
Freitag 金曜	Samstag / Sonnabend 土曜	Sonntag 日曜	

Samstag は主にドイツ南部・西部，Sonnabend は主にドイツ北部・東部で用いられるよ。

Schreiben 書いてみよう

1　（　　）内の前置詞・冠詞・名詞を適切な形にして下線部に入れてみましょう。前置詞と冠詞の融合形がある場合，必ず融合形を用いてください（☞ 47 頁）。

(1)　(aus + d.. Zimmer)

　　Naoki kommt _____ _____ _____ .

(2) の zu+d.. は融合するよ！

(2)　(durch + e.. Park / zu + d.. Bibliothek)

　　Er geht _____ _____ _____ _____ _____ .

(3)　(von + d.. Schule)

　　Die Kinder kommen _____ _____ _____ nach Hause.

(4)　(für + d.. Familie)

　　Zu Hause kocht die Mutter _____ _____ _____ das Mittagessen.

(5)　(in + d.. Bibliothek)

　　Naoki sitzt jetzt _____ _____ _____ .

nach Haus[e]〈家へ〉
zu Haus[e]〈家で〉
は決まり文句！

(6)　(nach + d.. Essen / in + d.. Park)

　　_____ _____ _____ gehen die Kinder _____ _____ _____ .

(7)　(in + d.. Park)

in は 3・4 格支配の前置詞。
使い分けは？

　　_____ _____ spielen sie Fußball.

2　与えられた語句を参考にドイツ語文を作ってみましょう。必要な前置詞を補ってください。

(1)　あなたは週末に何をしますか。

　　was / Sie / s Wochenende / machen / ?

　　_____

(2)　私は日曜日に映画に行きます。

　　ich / r Sonntag / s Kino / gehen / .

　　_____

名詞と前置詞の組み合わせは決まっている場合も多いよ。
不明な場合，辞書で名詞を引いて，用例を探してみよう。

LEKTION 6

これが私の両親　〜冠詞類〜

080
CD1-80

ナオキはハンナのところに来ています。ハンナはナオキに家族の写真を見せます。

Hanna : **Das sind meine Eltern**, und das ist mein Bruder Leo.

Naoki : Was macht eigentlich dein Vater?

Hanna : Er ist Bäcker. Und meine Mutter ist Polizistin.

Naoki : Und das ist euer Hund?

Hanna : Ja, das ist Wuffi, unser Pudel.

Naoki : Er ist süß! Und wer sind diese Leute?

Hanna : Dieses Mädchen ist meine Cousine, dieser Mann ist mein

Onkel und diese Frau ist meine Oma.

Vokabeln　語彙をチェックしよう

r Bäcker　パン屋，パン職人（英 *baker*）

r **Bruder**　兄，弟（英 *brother*）

e Cousine [kuzíːnə クズィーネ]（女性の）いとこ（◀
　フランス語）

dein　君の（英 *your*）

dies*e*
dies*er*　< **dieser** この（英 *this*）
dies*es*

eigentlich（疑問文で）そもそも，ところで（★本来
　の意味は「本当は，本来は」）

Eltern　両親（複数名詞）（英 *parents*）

euer　君たちの（英 *your*）

e **Frau**　女，女性（英 *woman*）

r **Hund**　犬（英 *dog*）

Leo　レーオ（男性名）

Leute　人々（複数名詞）（英 *people*）

s **Mädchen**　女の子（英 *girl*）（★接尾辞 –chen で終
　わる名詞は常に中性名詞）

r **Mann**　男，男性（英 *man*）

mein
meine　< **mein** 私の（英 *my*）

e **Mutter**　母（英 *mother*）

e Oma（口語）おばあちゃん

r **Onkel**　おじ（英 *uncle*）

e Polizistin（女性の）警察官

r Pudel　プードル

süß　かわいい（★本来の意味は「甘い」）

unser　私たちの（英 *our*）

r **Vater**　父（英 *father*）

wer　誰（英 *who*）

Wuffi　ヴッフィー（犬の名）

Naoki ist bei Hanna zu Besuch. Sie zeigt ihm ein paar Familienfotos.

ハンナ： **これが私の両親**，そしてこれがお兄ちゃんのレーオ。

ナオキ： お父さんは何をしてるの？

ハンナ： パン屋よ。そしてお母さんは警察官。

ナオキ： そしてこれは君たちの犬だね？

ハンナ： そう，ヴッフィー，私たちのプードルよ。

ナオキ： かわいいね！ それでこの人たちは誰？

ハンナ： この女の子は私のいとこで，この男の人が私のおじ，

　　　　 この女の人は私のおばあちゃん。

> **Sprachgefühl** 言葉の感覚
>
> | *das* | Foto | 〈その写真〉 |
> | *ein* | Foto | 〈一枚の写真〉 |
> | *mein* | Foto | 〈私の写真〉 |
>
> ▲ すべて冠詞の仲間です！

 Partnerübung　ペアで練習しよう

イタリックの語句を自由に置き換えてみましょう。

 081 CD1-81　Szene 1　君のお父さんは何をしてるの？

Was macht *dein Vater*?　　*Mein Vater* ist *Bäcker*.

親・兄弟
dein / mein ... Vater / Bruder
deine / meine ... Mutter / Schwester

職業
Bäcker / Bäckerin　Polizist / Polizistin
Arzt / Ärztin　Lehrer / Lehrerin

 082 CD1-82　Szene 2　これは君たちの犬？

Ist das *euer Hund*?　　Ja, das ist *unser Hund*.

家庭
euer / unser ... (*r*) Garten / (*s*) Haus
eure / unsere ... (*e*) Katze / (*e*) Küche

eure は eu[e]re の縮まった形だよ

これが私の両親。

Das sind meine Eltern.

➡ mein〈私の〉という語が用いられています。この語が後ろに来る名詞の性・数によって形を変えているのがポイントです。ドイツ語には，定冠詞・不定冠詞と似たような変化をする一連の語があり，冠詞類と呼ばれます。

Grammatik 言葉のかたち ⑥ 冠詞類

■ 冠詞類（概観）

冠詞類 {
1. 定冠詞類　　dieser〈この〉, welcher〈どの〉など　　　　▶定冠詞 der と似た変化
2. 不定冠詞類 { 所有冠詞　mein〈私の〉, dein〈君の〉など　　▶不定冠詞 ein と似た変化
　　　　　　　 否定冠詞　kein〈一つも…ない〉

➡ 冠詞とよく似た働きをする語を**冠詞類**と呼びます。冠詞類には，定冠詞類と不定冠詞類があり，それぞれ定冠詞および不定冠詞とよく似た変化をします。

■ 定冠詞類の格変化

084
CD1-84

複数・1格

Und wer sind _____ Leute?　それでこの人たちは誰？

➡ **定冠詞類**は定冠詞に準じた格変化をします。dieser〈この〉，welcher〈どの〉などがあります。

	男性〈この犬〉	女性〈この猫〉	中性〈この子供〉	複数〈この人たち〉
1格	dieser Hund	diese Katze	dieses Kind	diese Leute
2格	dieses Hundes	dieser Katze	dieses Kindes	dieser Leute
3格	diesem Hund	dieser Katze	diesem Kind	diesen Leuten
4格	diesen Hund	diese Katze	dieses Kind	diese Leute

男性	女性	中性	複数
–er	–e	–es	–e
–es	–er	–es	–er
–em	–er	–em	–en
–en	–e	–es	–e

085
CD1-85

■ 所有冠詞

Und das ist _____ Hund?　　そしてこれは君たちの犬だね？

Ja, das ist Wuffi, _____ Pudel.　そう，これはヴッフィー，私たちのプードルよ。

➡ 「誰々の…」を表す**所有冠詞**は不定冠詞類に属します。次のものがあります。

	単数		複数	
1人称	**mein**	私の	**unser**	私たちの
2人称	**dein**	君の	**euer**	君たちの
3人称	**sein**	彼の		
	ihr	彼女の	**ihr**	彼 [女] らの
	sein	それの		それらの

転用 → **Ihr** あなた（たち）の

■ 不定冠詞類の格変化

女性・1格

Dieses Mädchen ist _____ Cousine. この女の子は私のいとこ。

➡ **不定冠詞類**は不定冠詞に準じた格変化をします。mein〈私の〉, dein〈君の〉などの所有
冠詞や否定冠詞 kein〈一つも…ない〉があります（kein の格変化表 ☞ 31 頁）。

	男性〈私の兄（弟）〉		女性〈君の姉（妹）〉		中性〈彼の本〉		複数〈彼女の両親〉	
1格	mein	Bruder	deine	Schwester	sein	Buch	ihre	Eltern
2格	mein**es**	Bruder**s**	dein**er**	Schwester	sein**es**	Buch[e]s	ihr**er**	Eltern
3格	mein**em**	Bruder	dein**er**	Schwester	sein**em**	Buch	ihr**en**	Eltern
4格	mein**en**	Bruder	dein**e**	Schwester	sein	Buch	ihr**e**	Eltern

男性1格，中性1・4格で冠詞に語尾がないよ！

男性	女性	中性	複数
−	−e	−	−e
−es	−er	−es	−er
−em	−er	−em	−en
−en	−e	−	−e

下線部の冠詞類の種類，名詞の性，格を書き出し，
変化表で語尾を確認してみましょう。

● <u>**Welches**</u> Buch kaufst du? （　　冠詞類・　　性・　　格）

● Ist das <u>**dein**</u> Buch? （　　冠詞類・　　性・　　格）

■ 名詞の格変化（2格）

中性・2格

in <u>der Küche</u> **des Wohnheims** 寮のキッチンで

➡ **2格**は名詞を後ろから修飾し，「…の」という意味を表します。男性・中性で名詞に
–s または –es が付きます。

【–s と –es】どちらでもよい場合が多いですが，基本的には –s で，あとは発音のしやすさに応じて
–es も使うと考えましょう（des Hund**es**）。特に2音節以上の長い語では –s が用いられる傾向にあります。
短い語：r Ball〈ボール〉 ▶ des Ball[e]s　　長い語：r Fußball〈サッカーボール〉 ▶ des Fußball**s**

Hannas Bruder ハンナの兄　　　mit **Pauls** Auto パウルの車で

➡ 人名は，男性・女性に関係なく，–s の付いた形で名詞の前に置かれることがあります。
この場合，名詞に冠詞は付きません。

Sprechen 話してみよう

定冠詞類 dieser を使って会話練習をしてみましょう。

Wem gehört *dieser Schal*?

Dieser Schal gehört *Hanna*.

(r) → *dieser*
(e) → *diese*
(s) → *dieses*

r Schal	*s* Handy	*e* Brille	*r* Mantel	*e* Uhr	*s* Hemd
Hanna	Jonas	Mia	Michael	Sofie	Martin

gehören（英 *belong to*）という動詞は「物が（1格）人に（3格）属する」（＝何々は誰々のものだ）という構文で使われるよ。ちなみに wem〈誰に〉は wer〈誰が〉の3格の形だ。

Hören & Sprechen 聞いてみよう・話してみよう

今度は不定冠詞 mein と dein を使った練習です。最初に下線部の語を書き取り，そのあとで語を自由に置き換えて会話練習をしましょう。

Ist das _____ _____?

● Ja, das ist _____ _____.
● Nein, das ist nicht _____ _____.

(r) → *dein – mein*
(e) → *deine – meine*
(s) → *dein – mein*

s Radio	*e* Tasche	*r* Wein
r Fernseher	*s* Wörterbuch	*e* CD

Kulturecke
文化コーナー

Brot

Brot ist eines der Grundnahrungsmittel für Deutsche, und es gibt viele Brotsorten. Zum Frühstück oder Abendessen isst man traditionell gerne Brot bzw. Brötchen.

パン

パンはドイツ人の主食の一つで種類も多い。朝食や夕食には伝統的にパンやブレートヒェン（小型のパン）が好んで食べられる。

Wurst

Zu Mittag isst man oft eine warme und zu Abend eine kalte Mahlzeit. Viele Deutsche essen Brot mit Wurst sowie Käse zu Abend.

ソーセージ

昼食に温かい料理を食べ，夕食には（火を使わない）冷たい料理を食べるのが一般的だ。多くのドイツ人はパンとソーセージやチーズを夕食に食べる。

Hören 聞いてみよう

ハンナ，ナオキ，ティーロはそれぞれスーパーで何を買うのでしょうか。線で結んでみましょう。

(1) 　　(2) 　　(3)

(a) 　　(b) 　　(c) 　　(d)

092
CD1-92

家族写真

Familienfotos

Hannas Bruder ist Polizist in Bremen, und ihr Vater ist Bäcker in Lübeck.

Naoki fragt: „Und das ist euer Hund?" „Ja, das ist Wuffi, unser Pudel",

antwortet Hanna. Wuffi ist drei Jahre alt und spielt gern mit dem Ball.

antworten 答える　　spielen 遊ぶ

	richtig	falsch
(1) ハンナの兄はベルリンで警察官をしています。	☐	☐
(2) ヴッフィーはプードルで 3 歳です。	☐	☐
(3) ヴッフィーはボール遊びが好きです。	☐	☐

Einen Schritt weiter 先に進もう

093
CD1-93

■ **男性弱変化名詞**

	単数		複数	
1格	der	Bär 熊	die	Bären
2格	des	Bären	der	Bären
3格	dem	Bären	den	Bären
4格	den	Bären	die	Bären

	単数		複数	
1格	der	Junge 少年	die	Jungen
2格	des	Jungen	der	Jungen
3格	dem	Jungen	den	Jungen
4格	den	Jungen	die	Jungen

➡ 男性名詞の一部に，単数 1 格以外のすべての格で –en または –n の語尾が付く
ものがあります。**男性弱変化名詞**と呼ばれます。

辞書では例えば次のように表示されているよ。
男 [単² –en / 複¹ –en]　*m* –en / –en

094
CD1-94

■ **時間の表現**

Wie spät ist es [jetzt]?
Wie viel Uhr ist es [jetzt]?　[今] 何時ですか？

Es ist drei Uhr. 3 時です。

Es ist { drei Uhr dreißig. / halb vier. } 3 時半です。

Wann? いつ？
Um wie viel Uhr? 何時に？

– **Um** drei [Uhr]. 3 時に。

Schreiben 書いてみよう

1 (   ) 内の定冠詞類・不定冠詞類に適切な語尾を付け，名詞とともに下線部に入れてみましょう。
不定冠詞類は無語尾の場合もあります。

> Herr〈…さん，…氏〉
> Frau〈…さん，…夫人〉
> はそれぞれ男性・女性
> に対する敬称だよ。

(1) (*dies..* Rock)

　　○ Kauft Frau Fischer _____ _____ ?

　　● Ja, sie kauft ihn.

(2) (*dies..* Jacke)

　　○ Kauft Herr Schneider _____ _____ ?

　　● Nein, er kauft sie nicht.

> ihr〈彼女の〉
> ihr〈彼らの〉
> Ihr〈あなたの〉
> をきちんと区分しよう！

(3) (*Ihr..* Schirm)

　　○ Suchen Sie _____ _____ ?

　　● Ja, ich suche ihn.

(4) (*ihr..* Handy)

　　○ Sucht Sofie _____ _____ ?

　　● Nein, sie sucht es nicht.

> Freund は男性名詞。
> 「彼女のボーイフレンドに」は
> *ihr* Freund を 3 格にしよう！

(5) (*ihr..* Freund)

　　○ Was schenkt Julia _____ _____ zum Geburtstag?

　　● Sie schenkt ihm eine Kette.

2 与えられた語句を参考にドイツ語文を作ってみましょう。

(1) クラウスは何を探していますか。

was / Klaus / suchen / ?

_____

(2) 彼は自分のメガネを探しています。

er / *sein..* Brille / suchen / .

_____

LEKTION 7 テレビを見てるの？ 〜分離動詞〜

095
CD2-1

ナオキがティーロの部屋にやってきます。ドアは開いています。

Naoki : Hallo, Thilo! **Siehst du fern?**

Thilo : Ja, ein Bundesligaspiel. Schalke gegen Dortmund.

Naoki : Sag mal, hast du morgen Abend schon etwas vor?

Thilo : Nein, warum?

Naoki : Hanna und ich gehen ins Kino.

Ein Film aus Japan. Kommst du mit?

Thilo : Ja, klar! Wann fängt denn der Film an?

Naoki : Um acht Uhr. Hanna holt uns um sieben mit dem

Auto ab.

Vokabeln 語彙をチェックしよう

r **Abend** 晩（英 *evening*）▶ morgen *Abend* 明日の晩

acht 8（英 *eight*）（数字 ☞ 42 頁）

s Bundesligaspiel ブンデスリーガの試合（Bundesliga + Spiel）

Dortmund ドルトムント（サッカークラブ名）

etwas 何か（英 *something*）

fängt ... an < **an|fangen** 始まる（英 *begin*）

r Film 映画

gegen …対…（対戦相手）

gehen 行く（英 *go*）

hast ... vor < vor|haben 予定している

holt ... ab < ab|holen 迎えに行く, ピックアップする

ins < **in** + das（☞ 47 頁）

s Kino 映画館 ▶ ins *Kino* gehen 映画を見に行く

klar 明らかな ▶ *Klar!* もちろん！

komm*st ... mit* < mit|kommen いっしょに来る

Schalke シャルケ（サッカークラブ名）

sieben 7（英 *seven*）（数字 ☞ 42 頁）

siehst ... fern < fern|sehen テレビを見る

e **Uhr** …時（英 *o ' clock*）

um（…時）に ▶ *um* acht Uhr 8 時に（☞ 58 頁）

uns（4 格）< **wir**（☞ 31 頁）

warum なぜ（英 *why*）

◆ **Sag mal, ...** ねえ（★ sag は本来 sagen〈言う〉の命令形 ☞ 66 頁）

Naoki besucht Thilo in seinem Zimmer. Die Tür steht offen.

ナオキ： やあ，ティーロ！ **テレビを見てるの？**

ティーロ： うん，ブンデスリーガの試合。シャルケ対ドルトムント。

ナオキ： ねえ，明日の夜はもう何か予定がある？

ティーロ： いや，どうして？

ナオキ： ハンナと僕，映画を見に行くんだ。日本の映画だよ。

　　　　　 いっしょに来る？

ティーロ： うん，もちろん！ 映画はいつ始まるの？

ナオキ： 8 時。ハンナが 7 時に車で迎えに来てくれる。

> **Sprachgefühl 言葉の感覚**
> **Abend**（英 *evening*）は日暮れから就寝時くらいまでを指します。日本語では，状況に応じて「晩」（⇔朝・昼）や「夜」（⇔昼）などが対応します。

 Partnerübung ペアで練習しよう

イタリックの語句を自由に置き換えてみましょう。

096
CD2-2

Szene 1 …に映画に行くんだけど。いっしょに来る？

Hanna und ich gehen *morgen Abend* ins Kino. Kommst du mit?

● Ja, klar!
● Nein, ich habe leider keine Zeit.

日時 (**1**)
morgen
heute Abend
am Freitag
am Freitagabend

097
CD2-3

Szene 2 映画はいつ始まるの？

Wann fängt der Film an?   *Um acht Uhr.*

 日時 (**2**)
um sechs Uhr / um halb sieben / um sieben Uhr / um acht / um neun

テレビを見てるの？

Siehst du fern?

➡ fernsehen〈テレビを見る〉という動詞が用いられています。その動詞が分離して用いられているのがポイントです。ドイツ語には分離前つづりと基礎動詞部分からなる動詞があり，分離動詞と呼ばれます。

Grammatik 言葉のかたち　⑦ 分離動詞

099
CD2-5

■ 分離動詞

Hanna _____ uns um sieben mit dem Auto _____ .（◀ ab|holen 迎えに行く・来る）

ハンナが僕たちを 7 時に車で迎えに来てくれる。

➡ 文中で 2 つの部分に分離する動詞があります。これを**分離動詞**と呼びます。分離する前つづり（＝**分離前つづり**）は必ずアクセントを持ちます。

辞書などでは | を入れて分離箇所を示しているよ！

ab|holen [アップ・ホーレン]			
ich	hole …ab	wir	holen …ab
du	holst …ab	ihr	holt …ab
er	holt …ab	sie	holen …ab

fern|sehen [フェルン・ゼーエン]			
ich	sehe …fern	wir	sehen …fern
du	**siehst** …fern	ihr	seht …fern
er	**sieht** …fern	sie	sehen …fern

➡ 前つづりをのぞいた本来の動詞部分（＝**基礎動詞部分**）が不規則動詞（☞ 39 頁）の場合，やはり不規則に変化します。

【分離動詞】英語では *go out*〈外出する〉のように，動詞が副詞的な語と結びつき，特定の意味を表す場合がありました。実はドイツ語の分離動詞もこれと同じです。ただし，ドイツ語では順序が逆で‘out go’となり，さらに一語であると見なされ‘outgo’のようにつづられます。これがドイツ語の aus|gehen〈外出する〉です。そういった意味では，分離動詞は本来「くっつき動詞」であるとも言えます。

100
CD2-6

■ 分離動詞を用いた文

_____ du morgen Abend schon etwas _____ ?（◀ vor|haben 予定している）

明日の夜はもう何か予定がある？

ハンナが　僕たちを　　7時に　　　車で　　　迎えに来てくれる
Hanna　　uns　　um sieben　mit dem Auto　**ab**|*holen*

▶ | Hanna | **holt** | uns um sieben mit dem Auto | **ab** | .
            ❷

君は　　　明日の夜　　　もう　　何かを　　予定してる？
du　morgen Abend　　schon　　etwas　　**vor**|*haben* ?

▶ | **Hast** | du morgen Abend schon etwas | **vor** | ?
     ❶

➡ 語句を日本語と同じ順序に並べます。最後に来た基礎動詞部分を人称変化させ，平叙文では 2 番目に，決定疑問文では文頭に持っていきます。分離前つづりは文末に残ります。

> 分離動詞を不定詞の形で抜き出してみましょう。意味も調べてみてください。
>
> ● Hanna steht immer um 6 Uhr auf.　▶ _aufstehen_____ （意味　　　　　　）
> ● Der Zug kommt um 10 Uhr an.　▶ _____ （意味　　　　　　）
> ● Und er fährt um 10.30 Uhr ab.　▶ _____ （意味　　　　　　）

10.30 Uhr は zehn Uhr dreißig
または halb elf と読むよ。☞ 58 頁

101
CD2-7

■ 不定詞句

gehen 行く　▶ morgen Abend mit Hanna ins Kino **gehen**　　明日の晩ハンナと映画に**行く**

➡ 不定詞（☞ 14 頁）を他の語句と結びつけて句の形（＝**不定詞句**）にする場合，ドイツ語では不定詞を末尾に置きます（つまり，日本語と同じような語順になります）。

102
CD2-8

■ 語順（文末）　　　　　　　　　　　　　　　　　　　　　　分離動詞も似ているね。

morgen Abend mit Hanna **ins Kino** *gehen*　　明日の晩ハンナと**映画に行く**

▶ | Ich | **gehe** | morgen Abend mit Hanna | **ins Kino** | .

僕は明日の晩ハンナと映画に行く。

➡ 不定詞句では動詞が末尾に置かれますが，その直前には動詞と結びつきの強い語句が来ます。特に強く結びついた語句はまとまりを作ります（「映画に行く」など）。

➡ ただし，平叙文では定動詞が 2 番目に来るため，両者は離れてしまいます（つまり，動詞と結びつきの強い語句ほど文末に位置します。**枠構造**と呼ばれることがあります）。

Sprechen 話してみよう

分離動詞を使って会話練習をしてみましょう。

> ***Bringst*** du ***das Buch mit***?

> Ja, ich ***bringe das Buch mit***.

mit|bringen	—	**das Buch**
an|ziehen	—	eine Jacke
ab|holen	—	Lena und Alex
an|rufen	—	Thilo

an\|rufen は「…に電話する」という
意味だけど4格目的語を取るよ。
時々こんな例があるから注意！

Hören & Sprechen 聞いてみよう・話してみよう

分離動詞 an\|fangen を使った練習です。最初に下線部の語を書き取り，そのあとで語を自由に置き換えて会話練習をしましょう。数字はアラビア数字（1, 2, 3 ...）で書いてください。

> Wann fängt ＿＿＿ ＿＿＿＿＿ an?

> ＿＿＿ fängt ＿＿＿ ＿＿＿ ＿＿＿ an.

s Konzert	r Film	e Party	r Unterricht
s Fußballspiel	s Weinfest	e Hochzeit	s Tennisspiel

ブンデスリーガ（Bundesliga）

Es ist Samstag, kurz nach zwei
Und ganz Nürnberg ist jetzt high

　　土曜の２時をまわった
　　ニュルンベルクはご機嫌さ

　1. FC ニュルンベルクの応援歌の一つはこう始まります。ドイツ・ブンデスリーガのキックオフは土曜の午後 3 時半。サッカーファンでなくても町の鼓動が伝わってきます。

　ドイツサッカーのトップリーグであるブンデスリーガ（1 部）には 18 チームが所属。ホーム＆アウェーの全 34 節を戦い，ドイツチャンピオン（Deutscher Meister）の座を争います。シーズンの始まりは例年 8 月。途中約 1 か月のウィンターブレイクを挟み，5 月まで熱戦が続きます。

　上位チームはヨーロッパの大会である UEFA チャンピオンズリーグや UEFA ヨーロッパリーグなどへの出場権を獲得。逆に下位のチームには 2 部への降格があります。

ニュルンベルクのホームゲーム，ボーフム戦。2006 年 W 杯，日本はここでクロアチアと対戦した。

ルール地方の強豪クラブ，シャルケとドルトムントのダービーはとりわけ熱い。

105
CD2-11

Hören 聞いてみよう

大学生ルーカスのプロフィールについて，正しい答えを<u>すべて</u>選んでください。

(1) Wie alt ist Lukas?　　□ 18　　　　□ 19　　　　□ 20　　　　□ 21

(2) Wo wohnt er?　　□ Bremen　　□ Dresden　　□ Nürnberg　　□ Freiburg

(3) Was studiert er?　　□ Germanistik　　□ Kunst　　□ Jura　　□ Pädagogik

(4) Was spielt er gern?　　□ Fußball　　□ Tennis　　□ Basketball　　□ Volleyball

Lesen 読んでみよう

映画を見に行く

Ein Kinobesuch

Hanna, Naoki und Thilo gehen am Sonntag ins Kino. Der Film fängt um acht

Uhr an. Hanna holt Naoki und Thilo mit dem Auto um sieben Uhr vor dem

Wohnheim ab. Zuvor jobbt sie bis halb sieben in einem Café.

s Wohnheim 寮　　zuvor その前に　　jobben [ジョッベン] アルバイトをする　　bis …まで

	richtig	falsch
(1) ハンナ，ナオキ，ティーロは土曜に映画に行きます。	☐	☐
(2) ハンナはナオキとティーロを寮まで迎えに来ます。	☐	☐
(3) 映画に行く前にハンナはアルバイトをします。	☐	☐

Einen Schritt weiter 先に進もう

■ 非分離動詞

Ich **besuche** einen Freund. 僕は友達を訪問する。（◀ besuchen [ベズーヘン] 訪問する）

➡ 分離しない前つづりもあります（＝**非分離前つづり**）。アクセントを持たない
のが特徴で，次のようなものがあります。非分離前つづりを持つ動詞を**非分離**
動詞と呼びます。

> be-, emp-, ent-, er-, ge-, ver-, zer-

■ 命令・依頼の表現（基本の形）

Komm! 来て！（◀ kommen 来る）　　**Guck** mal! ちょっと見て！（◀ gucken 見る）

➡「…して，…してください」と命令・依頼する場合，次の形式を用います。

		kommen 来る
du に対して	▶ –[e]!	Komm!
ihr に対して	▶ –t!	Komm**t**!
Sie に対して	▶ –en Sie!	Komm**en Sie**!

> du に対する語尾 –e は
> 話し言葉では省かれるよ！
> 特に kommen では
> 付けない方がふつうなんだ。

Komm doch **mit**! いいからいっしょにおいでよ！（◀ mit|kommen いっしょに来る）

➡ 分離動詞は命令文でも分離します。

Schreiben 書いてみよう

1 （　　）内の分離動詞を適切な形にして下線部に入れてみましょう。

(1) (auf|stehen)

○ _____ Sie um sieben Uhr _____ ?

● Ja, wir _____ um sieben Uhr _____ .

敬称の Sie は
複数「あなたたち」
としても使うよ。

(2) (auf|stehen)

○ Wann _____ du _____ ?

● Ich _____ um sechs Uhr _____ .

(3) (aus|gehen)

Paul _____ heute mit seiner Freundin _____ .

(4) (an|rufen)

Er _____ sie _____ .

不規則動詞に注意！

(5) (mit|nehmen)

Julia _____ eine Jacke _____ .

2 与えられた語句を参考にドイツ語文を作ってみましょう。

(1) 君たちは週末にもう何か予定がある？

ihr / am Wochenende / schon / etwas / vor|haben / ?

_____

(2) 僕はゼミに参加する。

teilnehmen は前置詞 an と
使われるよ。辞書で確認しよう！

ich / an / *e*.. Seminar / teil|nehmen / .

_____

(3) 僕はデュッセルドルフのおばあちゃんを訪ねる。

ich / *mein*.. Oma / in Düsseldorf / besuchen / .

_____

4時にパウルとユーリアと会うことにしてる 〜再帰動詞〜

109
CD2-15

金曜の午前中。ティーロとナオキは大学へ行くところです。

Thilo : Heute gibt es in der Stadt ein Weinfest. Komm doch mit!

Ich treffe mich um vier mit Paul und Julia.

Naoki : Ja, sicher! Und wo?

Thilo : Vor der Kirche am Marktplatz.

Naoki : O.K., alles klar! Ich freue mich schon auf das Fest.

Thilo : Ich mich auch. Aber verspäte dich nicht!

Julia hasst Unpünktlichkeit.

Naoki : Keine Sorge! Ich bin Japaner!

Vokabeln 語彙をチェックしよう

aber しかし，でも（英 *but*）

auch …も（英 *also*）

doch（命令文で）いいから，ともかく

s Fest 祭り

sich⁴ **freuen**〔auf + 4格 〕…⁴ を楽しみにしている（★ sich 部分はここでは mich）

hassen 憎む，嫌がる

r Japaner 日本人（英 *Japanese*）

komm ... mit（命令形）< mit|kommen いっしょに来る（☞ 66 頁）

r Marktplatz（市の立つ）広場（Markt + **Platz**）

O.K.〔oké: オケー〕オーケー，大丈夫だ（= okay）

sicher きっと，確かに ▶ *Sicher!* もちろん！

e Sorge 心配（英 *worry*）▶ Keine *Sorge!* 心配しないで！

e Stadt〔ʃtat シュタット〕町（英 *town*）

sich⁴ **treffen**〔mit + 3格 〕…³ と（申し合わせて）会う（★ sich 部分はここでは mich）

e Unpünktlichkeit 時間を守らないこと，遅刻（★ un- は否定を表す接頭辞，-keit は女性名詞を作る接尾辞。pünktlich は「時間どおりの」）

verspäte（命令形）< *sich⁴* verspäten 遅れる（★ sich 部分はここでは dich）

vier 4（英 *four*）（数字 ☞ 42 頁）

vor〔+ 3格 〕…³ の前で（☞ 46 頁）

s Weinfest ワイン祭り（**Wein** + Fest）

◆ **Alles klar!** 分かった！ 了解！

Freitagvormittag. Thilo und Naoki sind auf dem Weg zur Uni.

ティーロ： 今日町でワイン祭りがあるんだ。いっしょにおいでよ！

4時にパウルとユーリアと会うことにしてる。

ナオキ： うん，もちろん！ で，どこで？

ティーロ： マルクト広場の教会の前。

ナオキ： オーケー，分かった！ お祭り，今から楽しみだな。

ティーロ： 僕もだよ。でも遅れないでよ。

ユーリアは時間を守らないのが大嫌いなんだ。

ナオキ： 心配いらないよ！ 僕は日本人だからね！

> **Sprachgefühl 言葉の感覚**
> sich は日本語に訳せば「自分」。
> けれど使われ方はずい分異なります。
> 例えば *sich* wärmen – 体を温める，
> *sich* kämmen – 髪をとかす，など。

Partnerübung ペアで練習しよう

イタリックの語句を自由に置き換えてみましょう。

110
CD2-16
Szene 1 ワイン祭りは行く？

Gehst du zum Weinfest?　Ja, ich treffe mich um vier
mit Paul und Julia.

> 誰と？
> mit Oliver und Tina
> mit meiner Cousine
> mit meinem Bruder

111
CD2-17
Szene 2 お祭り楽しみだな。

Ich freue mich *auf das Fest.*

● Ich mich auch.
● Wirklich? Ich mich nicht.

> 楽しみなもの（?）
> auf die Ferien / auf die Party / auf das Konzert / auf den Test

112

Schlüsselsatz
キーセンテンス

４時にパウルとユーリアと会うことにしてる。

Ich treffe mich um vier mit Paul und Julia.

➡ sich という再帰代名詞が用いられています。これが主語 ich に合わせて形を変えていること，sich treffen 全体で「会う」という意味になっていることがポイントです。ドイツ語には，再帰代名詞とともに用いられる動詞があり，再帰動詞と呼ばれます。

Grammatik 言葉のかたち ⑧ 再帰動詞

113
CD2-19

■ 再帰代名詞 sich（英 oneself）

Naoki sieht **sich** im Spiegel. ナオキは自分を鏡で見る。

➡ 主語と同一の対象を指し示す場合，**再帰代名詞**を用います。

	単数			複数			転用
	1人称	2人称	3人称	1人称	2人称	3人称	
1格	ich	du	er sie es	wir	ihr	sie	Sie
3格〈自分に〉	mir	dir	**sich**	uns	euch	**sich**	sich
4格〈自分を〉	mich	dich	**sich**	uns	euch	**sich**	sich

通常の人称代名詞（☞31頁）と異なるのは3人称の sich だけだよ。
再帰代名詞は Sie のときも常に小文字で書くので注意！

▶不定詞句：**sich**⁴ im Spiegel sehen 自分を鏡で見る

➡ 辞書では再帰代名詞を sich で代表させます。sich⁴ のように格を表示する場合もあります。

114
CD2-20

■ 再帰動詞

Ich ＿＿＿＿＿＿ ＿＿＿＿＿＿ schon auf das Fest. お祭り，今から楽しみだなあ。

*sich*⁴ freuen 喜ぶ，うれしい			
ich	freue **mich**	wir	freuen **uns**
du	freust **dich**	ihr	freut **euch**
er	freut **sich**	sie	freuen **sich**

sich⁴ freuen は結びつく前置詞によって少しずつ意味が異なるんだ。
▶【über + 4格】…⁴ を喜ぶ
▶【auf + 4格】…⁴ を楽しみにしている

➡ 再帰代名詞と結びついて，全体で特定の意味を表す動詞があります。このような動詞を**再帰動詞**と呼びます。

➡ 再帰動詞とともに用いられる再帰代名詞 sich は主語に応じて形を変えます。

115
CD2-21

■ 再帰動詞を用いた文

*sich*⁴ schon auf das Fest **freuen**　今からお祭りを楽しみにしている

▶ Ich ｜ **freue** ｜ *mich* ｜ schon auf das Fest ｜ .

僕は今からお祭りを楽しみにしている。

*sich*⁴ um vier mit Paul und Julia **treffen**　4時にパウルとユーリアと会う

▶ Ich ｜ **treffe** ｜ *mich* ｜ um vier mit Paul und Julia ｜ .

僕は4時にパウルとユーリアと会う。

➡ 平叙文で定動詞が2番目に来る場合，再帰代名詞はふつう定動詞に近い位置に置かれます。

> 次の文にはそれぞれ下の▶で示したような再帰動詞が含まれています。文中の再帰動詞・再帰代名詞に下線を引き，さらに意味を調べてみましょう。
> ● Herr Fischer setzt sich auf eine Bank.　▶ <u>*sich* setzen</u>　（意味　　　　　　　）
> ● Er ruht sich auf der Bank aus.　▶ <u>*sich* ausruhen</u>　（意味　　　　　　　）
> ● Er erinnert sich an seine Schulzeit.　▶ <u>*sich* erinnern</u>　（意味　　　　　　　）

辞書では 囲 や *r* と表示されているよ。
一つの動詞に複数の用法がある場合も
多いので注意しよう！

116
CD2-22

■ 再帰代名詞の相互的用法

Sie lieben **sich**.　彼らは（お互いに）愛し合っている。

➡ 再帰代名詞は「お互いを（に）」という意味で用いられることもあります。

117
CD2-23

■ 語順（文中）

Ich freue **<u>mich</u>** schon auf das Fest.　僕は今からお祭りを楽しみにしている。

Ich schenke **<u>ihm einen Fußball</u>**.　僕は彼にサッカーボールをあげる。

➡ 人称代名詞・再帰代名詞など，代名詞は前の方に置かれます。（▶形態的に「短いものは前」，「長いものは後ろ」）

➡ また，定冠詞を伴う名詞や代名詞（＝古い情報）は前の方に，不定冠詞を伴う名詞（＝新しい情報）は後ろの方に置かれます。（▶意味的に「重要なものほど後ろ」）

Sprechen 話してみよう

再帰動詞を使って会話練習をしてみましょう。

Verspätest du *dich* oft *zum Unterricht*?

● Ja, oft.
● Nein, nur manchmal.

sich verspäten

sich freuen

zum Unterricht?

auf das Wochenende?

sich ärgern

sich langweilen

über deine Schwester?

in den Ferien?

Hören & Sprechen 聞いてみよう・話してみよう

命令形（☞ 66 頁）を練習しましょう。息子とお母さんの会話です。最初に下線部の語を書き取り、そのあとで語を自由に置き換えて会話練習をしましょう。

Ich gehe jetzt ____ _____.

_____ zuerst
____ _____!

deine Schuhe putzen

ins Schwimmbad

deine Hausaufgaben machen

zu Paul

dein Zimmer auf|räumen

zu Julia

deine Milch trinken

zum Sportplatz

分離動詞だよ！

120
CD2-26

Bier

Das Reinheitsgebot von 1516 (man verwendet nur Gerstenmalz, Hopfen, Hefe und Wasser) hat die deutsche Bierbraukunst stark geprägt. Aber auch Biersorten, wie z.B. das Weizenbier, erfreuen sich großer Beliebtheit.

ビール

ドイツのビール製造に多大な影響を与えたのが 1516 年のビール純粋令だ（原料には大麦麦芽，ホップ，酵母，水だけを使うというもの）。ただし小麦を使うヴァイツェンなども人気。

Weinanbau

Der Weinanbau, wie z.B. am Rhein und an der Mosel, hat eine lange Geschichte und reicht bis zur Römerzeit zurück. Man baut vorwiegend Weißweinreben an. Eine beliebte Sorte ist dabei der Riesling.

ブドウ栽培

ライン河畔やモーゼル河畔などでのブドウ栽培も長い歴史を持ち，ローマ時代までさかのぼる。多く栽培されているのは白ワイン用のブドウ。リースリングなどが人気だ。

121
CD2-27

Hören 聞いてみよう

ティーロの家族について，正しい答えを選んでください。

(1) Wie heißt seine Schwester?　　□ Andrea　　□ Anke　　□ Anja

(2) Was ist sein Vater von Beruf?　　□ Bäcker　　□ Lehrer　　□ Arzt

(3) Haben sie eine Katze?　　□ Ja　　□ Nein

(2) の von Beruf は「職業については」という意味。職業名を聞くときの決まり文句だよ。

ワイン祭り

Das Weinfest

Naoki geht heute mit Thilo, Julia und Paul zu einem Weinfest. Sie treffen sich um vier Uhr vor der Kirche. Naoki hat heute bis drei Uhr Unterricht. Nach dem Unterricht zieht er sich in seinem Wohnheim um. Er beeilt sich sehr. Der Bus fährt nämlich schon um halb vier.

r Unterricht 授業　　*sich⁴* um|ziehen 着替える　　*sich⁴* beeilen 急ぐ　　fahren (バスが) 運行する，出発する
nämlich つまり，というのも

	richtig	falsch
(1) ナオキは今日2時まで授業があります。	☐	☐
(2) ナオキは急ぐ必要はありません。	☐	☐
(3) バスは3時半に出発します。	☐	☐

Einen Schritt weiter 先に進もう

■ 命令・依頼の表現 (基本形以外)

lernen 学ぶ ▶ Lern[e]!　　arbeiten 働く ▶ Arbeite!　　nehmen 取る ▶ **Nimm!**

➡ du に対する命令形の語尾 –[e] は，話し言葉では多くの場合省かれます (☞ 66 頁)。ただし，現在人称変化で口調上の e を入れる動詞 (☞ 34 頁) では，命令形でも –e を付けます。

➡ 現在人称変化の du で語幹の母音を e → i/ie に変える不規則動詞 (☞ 39 頁) では，du に対する命令形でも同様に母音を変えます。この場合 –e は付けません。

	lernen 学ぶ	arbeiten 働く	nehmen 取る	sein …である
du に対して	Lern[e]!	Arbeite!	**Nimm!**	**Sei ...!**
ihr に対して	Lernt!	Arbeitet!	Nehmt!	**Seid ...!**
Sie に対して	**Lernen Sie!**	**Arbeiten Sie!**	**Nehmen Sie!**	**Seien Sie ...!**

Sei still!　静かにして！(◀ sein)

➡ 動詞 sein の命令形は特別な形になります。

> 語幹の母音を a → ä に変える不規則動詞は，通常の動詞と同じ変化をするよ。
> fahren 〈乗り物で行く〉 ▶ Fahr[e]!

Beeil **dich**!　急いで！(◀ *sich* beeilen 急ぐ)

➡ 再帰代名詞は，du, ihr, Sie に応じて変化します。

Schreiben 書いてみよう

1 文の意味を考えながら，下線部に適切な形の再帰代名詞を入れてみましょう。

(1) Michael duscht _____ nach dem Training.

(2) Jetzt dusche ich _____ .

(3) Nach dem Sport duschen _____ die Kinder.

(4) Paul und Julia verstehen _____ sehr gut.

> 主語と sich が並ぶ場合，主語が代名詞のときは必ず「主語＋ sich」の順番になるよ。
> Jetzt duscht **er sich**.〈今から彼はシャワーを浴びる。〉
> でも，主語が名詞のときはふつう「sich ＋主語」の順番になるんだ。
> Jetzt duscht **sich Herr Fischer**.〈今からフィッシャーさんはシャワーを浴びる。〉

2 （　　）内の再帰動詞を適切な形にして下線部に入れてみましょう。

(1) (*sich* erinnern)

　　_____ du _____ noch an Thomas?

> 動詞 erinnern は不定詞が
> –n で終わっているよ。
> つまり erinner- までが語幹！

(2) (*sich* interessieren)

　　Hanna _____ _____ für Kunst.

(3) (*sich* freuen)

　　Thilo _____ _____ über das Geschenk.

3 与えられた語句を参考にドイツ語文を作ってみましょう。sich の位置に注意してください。

(1) ハンナは机に向かって座ります。

　　Hanna / an / *d*.. Tisch / *sich* setzen / .

　　_____

(2) 彼女は自分の宿題に集中します。

　　sie / auf / *ihr*.. Hausaufgaben（複数で）/ *sich* konzentrieren / .

　　_____

鍵を見つけられないんだ　～話法の助動詞～

ティーロを訪ねてきたハンナがナオキの部屋の前を通りかかります。ドアは開いています。

Hanna : Suchst du etwas?

Naoki : Ja, **ich kann meinen Schlüssel nicht finden**.

Hanna : Deinen Fahrradschlüssel?

Naoki : Ja. Ich will zu Makiko fahren.

Wir wollen zusammen Deutsch lernen.

Hanna : Naoki, du musst echt mal dein Zimmer aufräumen!

Dein Zimmer ist ein Chaos!

Naoki : Ja, ich weiß. Ah, da liegt er ja. Unter dem Stuhl.

Vokabeln　語彙をチェックしよう

ah ああ

auf|räumen 片づける

s Chaos [ká:ɔs カーオス] カオス，混沌

dein*en* < **dein** 君の (☞ 55 頁)

s **Deutsch** (ふつう無冠詞で) ドイツ語 (英 *German*)

echt (口語) 本当に

r Fahrradschlüssel 自転車の鍵 (**Fahrrad** + Schlüssel)

finden 見つける (英 *find*)

ja (驚きなどを表して) …じゃないか

kann < **können** …できる (英 *can*)

lernen 学ぶ，勉強する (英 *learn*)

liegen …にある，横たわっている (英 *lie*)

mal (口語) 一度，そのうち (= **einmal**)

mein*en* < **mein** 私の (☞ 55 頁)

musst < **müssen** …しなければならない (英 *must*)

r Schlüssel 鍵 (英 *key*)

r **Stuhl** 椅子 (英 *chair*)

suchen 探す (英 *look for*)

unter 〔+ 3格〕…³ の下に (☞ 46 頁)

weiß < **wissen** 知っている (英 *know*)

will < **wollen** …したい

s **Zimmer** 部屋 (英 *room*)

zusammen いっしょに (英 *together*)

Hanna will Thilo besuchen und kommt an Naokis Zimmer vorbei. Die Tür steht offen.

ハンナ： 何か探してるの？

ナオキ： うん，**鍵を見つけられないんだ。**

ハンナ： 自転車の鍵？

ナオキ： うん。マキコのところに行きたいんだけど。

　　　　 いっしょにドイツ語の勉強をしようと思ってるんだ。

ハンナ： ナオキ，あなた本当に一度部屋を片づけなきゃいけないわよ！

　　　　 あなたの部屋，カオスだわ！

ナオキ： うん，分かってるよ。あ，あそこにある。椅子の下だ。

> **Sprachgefühl　言葉の感覚**
> ドイツ語の助動詞 **wollen** は，常に主語の意志「…したい，…しよう」を表します。英語の will とは異なりますので注意が必要です。

Partnerübung　ペアで練習しよう

イタリックの語句を自由に置き換えてみましょう。

125
CD2-31

Szene 1　何か探してるの？

Suchst du etwas?

Ja, ich kann *meinen Schlüssel* nicht finden.

> **探し物**
> meinen Geldbeutel
> meine Brille
> meine Uhr
> mein Handy

126
CD2-32

Szene 2　一度部屋を片づけなきゃ
いけないわよ。

Du musst mal *dein Zimmer aufräumen*!

● Ja, ich weiß.
● Ja, übermorgen.

> **家事**
> die Küche putzen / die Wäsche waschen
> die Tassen spülen / die Blumen gießen

Hanna ist heute sehr streng! Aber süß!

Schlüsselsatz
キーセンテンス

鍵を見つけられないんだ。

Ich kann meinen Schlüssel nicht finden.

➡ können〈…できる〉という助動詞が用いられています。その人称変化，そして本動詞 finden〈見つける〉の位置がポイントです。英語と同様，ドイツ語にも「可能」「義務」などの意味合いを加える助動詞があり，話法の助動詞と呼ばれます。

Grammatik 言葉のかたち　⑨ 話法の助動詞

■ 話法の助動詞

Ich _____ zu Makiko fahren.　僕はマキコのところに行きたいんだ。（◀ wollen …したい）

➡ 話法の助動詞は主語に応じて人称変化します。単数で不規則に変化しますが，ich と er で同じ形です。

	dürfen …してよい（許可）	können …できる（可能）	mögen …かもしれない（推量）	müssen …ねばならない（義務）	sollen …すべきだ（他者の意志）	wollen …したい（主語の意志）	möchte[n] …したい（願望）
ich	darf	kann	mag	muss	soll	will	möchte
du	darfst	kannst	magst	musst	sollst	willst	möchtest
er	darf	kann	mag	muss	soll	will	möchte
wir	dürfen	können	mögen	müssen	sollen	wollen	möchten
ihr	dürft	könnt	mögt	müsst	sollt	wollt	möchtet
sie	dürfen	können	mögen	müssen	sollen	wollen	möchten

Ich **möchte** Kaffee trinken.　私はコーヒーが飲みたい。

➡ このうち，möchte[n]〈…したい〉は mögen の変化した形ですが，よく用いられる重要な話法の助動詞の一つです。控え目な願望を表します。

■ 話法の助動詞を用いた文

Du _____ echt mal dein Zimmer _____ !

　あなた本当に一度部屋を片づけなきゃいけないわよ！

Darf ich kurz deinen Computer **benutzen**?

　ちょっと君のコンピューターを使ってもいい？

あなたは	本当に	一度	あなたの部屋を	片づけ	なければならない！
du	echt	mal	dein Zimmer	**aufräumen**	*müssen* !

▶ | Du | **musst** | echt mal dein Zimmer | **aufräumen** | !
❷

分離動詞 auf|räumen は
文末では分離しないよ。

僕は	ちょっと	君のコンピューターを	使っても	いい？
ich	kurz	deinen Computer	**benutzen**	*dürfen* ?

▶ | **Darf** | ich kurz deinen Computer | **benutzen** | ?
❶

➡ 語句を日本語と同じ順序に並べます。最後に来た話法の助動詞を人称変化させ，平叙
文では2番目に，決定疑問文では文頭に持っていきます。本動詞は不定形のまま文
末に残ります。

> 話法の助動詞と本動詞に下線を引いて，さらに話法の助動詞を不定詞の形で書き出してみ
> ましょう。
> ● Da kann man nichts machen.　　　　　　　▶話法の助動詞 _____
> 　　それは仕方ないね（←それでは人は何もすることができない）。
> ● Naoki soll seinen Aufsatz bis Montag schreiben.　▶話法の助動詞 _____
> 　　ナオキは作文を月曜までに書くように言われている。

sollen は「主語以外の意志」を表す。
状況ごとに訳し分ける必要があるよ！

130
CD2-36

■ **話法の助動詞の本動詞化**

Hanna **mag** Süßigkeiten. ハンナは甘いものが好きだ。

Naoki **möchte** einen Stuhl. ナオキは椅子を欲しがっている。

➡ ドイツ語の話法の助動詞はふつうの動詞（本動詞）のように用いられる場合がありま
す。特に mögen「…が好きだ」と möchte「…が欲しい」は重要です。

131
CD2-37

■ **動詞 wissen**

Ja, ich _____ . うん，分かってるよ。

➡ **動詞 wissen**〈知っている〉は単数で不規則に変化します。

wissen 知っている		
ich **weiß**	wir	wissen
du **weißt**	ihr	wisst
er **weiß**	sie	wissen

話法の助動詞と変化の
パターンが似てるね。

Sprechen 話してみよう

話法の助動詞を使って会話練習をしてみましょう。

Ich *muss Deutsch lernen.*
Und du?

Ich *muss einkaufen gehen.*

muss
will
kann

○ **Deutsch lernen** ○ **einkaufen gehen** ○ ins Kino gehen ○ ins Café gehen

○ jobben ○ ein Geschenk kaufen ○ Tennis spielen ○ Fußball spielen

133
CD2-39

Hören & Sprechen 聞いてみよう・話してみよう

助動詞 dürfen を使って「…してよいですか」と尋ね，聞かれた人は下の標識を参考にして答えてください。最初に下線部の語を書き取り，そのあとで語を自由に置き換えて会話練習をしましょう。

Darf man hier _____？

_____, hier darf man _____ _____！
(_____, hier darf man _____.)

Rad fahren	schwimmen	parken	rauchen	telefonieren	fotografieren

134
CD2-40

Kulturecke
文化コーナー

Fahrräder

Viele Deutsche fahren sowohl aus Liebe zur Umwelt als auch für die eigene Fitness gern mit dem Fahrrad. Inzwischen gibt es viele Apps zu den schönsten Fahrradwegen Deutschlands. Auch E-Bikes (Elektrofahrräder) sind sehr beliebt.

自転車

多くのドイツ人が環境と健康のために好んで自転車を利用している。最近ではおすすめの自転車道を紹介するアプリも多い。電動アシスト自転車も人気だ。

Züge

Ein Regionalexpress (RE). Die Deutsche Bahn heißt kurz DB. In Deutschland darf man auch seinen Hund mit in den Zug nehmen. Auch gibt es extra Zugabteile für Fahrräder.

列車

近郊快速（RE）。ドイツ鉄道は DB と略される。ドイツでは犬を連れて列車に乗ることができる。また自転車を持ち込める車両もある。

135
CD2-41

Hören 聞いてみよう

ハンナはフィッシャー教授と話をするために研究室の前までやって来ました。二人の会話を聞き取ってみましょう。ハンナがドアをノックします。

Professor:	Ja, bitte!
Hanna:	（ハンナはドアを開けます）Guten ☐ Morgen ☐ Tag ☐ Abend, Herr Fischer!
Professor:	Ah, Frau Maier!
Hanna:	Haben Sie ☐ etwas ☐ ein wenig ☐ kurz Zeit?
Professor:	Ja, sicher! Kommen Sie herein! Nehmen Sie Platz!
Hanna:	☐ Danke! ☐ Danke schön! ☐ Vielen Dank!

教授とあまり面識がない場合は，正式に Herr Professor Fischer! と呼びかけよう。

ドイツ語のテスト

Ein Test in Deutsch

Naoki fährt mit dem Fahrrad zu Makiko. Sie müssen für einen Test in

Deutsch lernen. Makiko kann gut Deutsch, Englisch und Spanisch sprechen.

Naoki beneidet Makiko. Danach wollen sie zusammen ein Eis essen gehen.

in …の (分野・領域)　　Englisch 英語　　Spanisch スペイン語　　sprechen 話す
beneiden うらやむ　　ein Eis essen gehen アイスクリームを食べに行く

	richtig	falsch
(1) ナオキはマキコとドイツ語のテスト勉強をします。	☐	☐
(2) マキコはドイツ語が苦手です。	☐	☐
(3) 彼らはアイスクリームを食べてから勉強します。	☐	☐

Einen Schritt weiter 先に進もう

137
CD2-43

■ 語順（nicht の位置）

> heute 〔nicht〕 **ins Kino gehen** *dürfen*　今日映画に行ってはいけない
>
> ▶ | Lena | **darf** | heute | 〔**nicht**〕 | **ins Kino gehen** | .
>
> 　　レーナは今日映画に行ってはいけない。

➡ 通常の否定文では，不定詞句で考えた場合，nicht を動詞［句］の直前に置きます。
動詞が結びつきの強い語句とまとまりを作っている場合，nicht はその前に置
きます。

138
CD2-44

■ 命令・依頼表現のバリエーション

　Keine Sorge! 心配しないで！(名詞)　　Schnell! 早く！(副詞)
➡動詞の命令形以外でも，実際にはさまざまな表現形式で依頼や忠告などが表さ
れます。

　Gehen wir! 行こう！(◀ gehen 行く)
➡「…しよう，…しましょう」と提案する場合，主語を wir にして動詞を文頭に
置きます。

Schreiben 書いてみよう

1 （　　）内の話法の助動詞を適切な形にして下線部に入れてみましょう。

(1) (können)

Aus diesem Buch _____ man viel lernen.

(2) (sollen)

_____ ich das Fenster aufmachen?

(3) の *sich* beeilen は再帰動詞だよ！

(3) (müssen)

Sie wollen noch das Museum besuchen? Dann _____ Sie sich ein bisschen beeilen.

2 （　　）内の話法の助動詞を使って次の文を書き換えてみましょう。最初に元の文の定動詞を不定詞に直し，それを使って書き換えてください。

例　(können)

Makiko spricht gut Deutsch. (不定詞 sprechen)

→ ___Makiko kann gut Deutsch sprechen.___

(1) (wollen)

Julia geht heute Abend aus. (不定詞　　　　　　　　)

→ _____

分離動詞に注意！

(2) (müssen)

Ich passe auf die Kinder auf. (不定詞　　　　　　　　)

→ _____

3 ドイツ語で作文してみましょう。下の語を適切な形にしてすべて使ってください。

もう急がなければなりません。すでに4時半です。

wir / jetzt / *sich* beeilen / müssen / . / es / schon / halb fünf / sein / .

_____

_____

139
CD2-45

ティーロとナオキはティーロのおじいちゃんの家の屋根裏部屋を片づけています。

Thilo : Naoki, was ist da in der Kiste drin?

Naoki : Also, **hier sind ein schwarzer Hut, eine kleine Puppe und ein altes Radio.** Dein Opa will wirklich alles wegwerfen?

Thilo : Sieht so aus. Guck mal! Zwei schöne Tassen! Sie sind aber leider kaputt!

Naoki : Thilo, kann ich den alten, weißen Stuhl hier haben?

Thilo : Ja, warum nicht? He, hier ist ja mein alter Teddybär!

Vokabeln 語彙をチェックしよう

aber しかし，でも（★文中に置かれることもある）

alles すべてのもの，全部

also（口語）ええと，そうだね

alt*en*
alt*er* ｝ < **alt** 古い
alt*es*

drin（…の）中に（★話し言葉で，先行する in 前置詞句を強調して使われる）

gucken（口語）見る

he（驚きを表して）へえ

r Hut 帽子（英 *hat*）

kaputt 壊れた（英 *broken*）

e Kiste 箱，木箱（英 *box*）

kleine < **klein** 小さい（英 *small*）

leider 残念ながら

mal（命令文を和らげて）ちょっと

r Opa（口語）おじいちゃん

e Puppe 人形（英 *doll*）

s **Radio** ラジオ（英 *radio*）

schön*e* < **schön** 美しい

schwarz*er* < **schwarz** 黒い（英 *black*）

r Teddybär [tédi..テディ・ベーア] テディベア，熊のぬいぐるみ（★男性弱変化名詞 ☞ 58 頁）

weg|werfen 捨てる，投げ捨てる

weiß*en* < **weiß** 白い（英 *white*）

◆ **[Es] sieht so aus.** そうみたいだね（★ sieht ... aus は分離動詞 aus|sehen〈…に見える〉の変化した形）

◆ **Warum nicht?** もちろん！（←なぜいけないのか）

Thilo und Naoki räumen bei Thilos Opa den Dachboden auf.

ティーロ： ナオキ，そこの箱には何が入っているの？

ナオキ： ええと，**ここには黒い帽子と小さな人形と古いラジオがあるよ。**

おじいちゃん，本当に全部捨てるつもりなの？

ティーロ： そうみたいだね。ちょっと見て！ きれいなカップが２つ！

でも残念，壊れてる！

ナオキ： ティーロ，ここの古い白い椅子をもらってもいいかな。

ティーロ： いいんじゃないの？ わあ，こんなところに僕の昔のテディベアがある！

> **Sprachgefühl　言葉の感覚**
> 日本語で「…をもらってもいいですか」と尋ねるところを，ドイツ語では haben を使って「…を持つことができますか」と尋ねています。

 Partnerübung　ペアで練習しよう

イタリックの語句を自由に置き換えてみましょう。

140
CD2-46

Szene 1 箱の中には何がある？

Was ist in der Kiste?　　*Ein schwarzer Hut*.

ein	schwarz~	~er	Hut
eine	rot~ blau~ gelb~ grün~	~e	Jacke
ein	weiß~	~es	Hemd

色

141
CD2-47

Szene 2 その古い椅子をもらってもいい？

Kann ich *den alten Stuhl* haben?

- Ja, warum nicht?
- Ja, klar!
- Nein, leider nicht.

den	alt~	~en	Stuhl
die	neu~ klein~	~e	Tasche
das	groß~	~e	Buch

性質

Schlüsselsatz
キーセンテンス

ここには黒い帽子と小さな人形と古いラジオがあるよ。

Hier sind ein schwarzer Hut, eine kleine Puppe und ein altes Radio.

➡ schwarz〈黒い〉, klein〈小さい〉, alt〈古い〉という形容詞が名詞を修飾するのに用いられています。この形容詞の形の変化がポイントです。ドイツ語の形容詞は，名詞を修飾して用いられる場合，格変化します。

Grammatik 言葉のかたち　⑩ 形容詞の格変化

■ 形容詞の格変化（概観）

> 1.　定冠詞［類］　＋　**形容詞**＋名詞
> 2.　不定冠詞［類］　＋　**形容詞**＋名詞
> 3.　　──　　　　　　**形容詞**＋名詞

➡ 形容詞が名詞の前に置かれて名詞を修飾するとき，形容詞は**格変化**します。以上の3つのパターンに分けて考えます。

■ 定冠詞［類］＋形容詞＋名詞

男性・4格

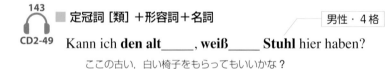

Kann ich **den alt_____, weiß_____ Stuhl** hier haben?

ここの古い，白い椅子をもらってもいいかな？

➡ **定冠詞［類］**のあとに来る場合，形容詞は，男性・女性・中性の1格で –e が付きます。女性・中性は1・4格が同じ形になります。それ以外は –en です。

	男性〈その古い帽子〉		女性〈その古い人形〉		中性〈その古いラジオ〉	
1格	der alt**e** Hut	die alt**e** Puppe		das alt**e** Radio	
2格	des alt**en** Hutes	der alt**en** Puppe		des alt**en** Radios	
3格	dem alt**en** Hut	der alt**en** Puppe		dem alt**en** Radio	
4格	den alt**en** Hut	die alt**e** Puppe		das alt**e** Radio	

	複数〈その古いカップ〉	
1格	die alt**en** Tassen
2格	der alt**en** Tassen
3格	den alt**en** Tassen
4格	die alt**en** Tassen

男性	女性	中性	複数
der –**e**	die –**e**	das –**e**	die –**en**
des –**en**	der –**en**	des –**en**	der –**en**
dem –**en**	der –**en**	dem –**en**	den –**en**
den –**en**	die –**e**	das –**e**	die –**en**

144
CD2-50

■ 不定冠詞［類］＋形容詞＋名詞　　男性・1格

Hier ist ja **mein alt_____ Teddybär!**　　ここに僕の古いテディベアがある！

➡ **不定冠詞［類］のあとに来る場合**，形容詞は，男性・女性・中性の 1 格でそれぞれ –er, –e, –es が付きます。女性・中性は 1・4 格が同じ形になります。それ以外は –en です。

	男性〈1つの古い帽子〉			女性〈1つの古い人形〉			中性〈1つの古いラジオ〉		
1格	ein	alt**er**	Hut	eine	alt**e**	Puppe	ein	alt**es**	Radio
2格	eines	alt**en**	Hutes	einer	alt**en**	Puppe	eines	alt**en**	Radios
3格	einem	alt**en**	Hut	einer	alt**en**	Puppe	einem	alt**en**	Radio
4格	einen	alt**en**	Hut	eine	alt**e**	Puppe	ein	alt**es**	Radio

	複数〈私の古いカップ〉		
1格	meine	alt**en**	Tassen
2格	meiner	alt**en**	Tassen
3格	meinen	alt**en**	Tassen
4格	meine	alt**en**	Tassen

男性	女性	中性	複数
ein ◇ –**er**	eine –**e**	ein ◇ –**es**	meine –**en**
eines –**en**	einer –**en**	eines –**en**	meiner –**en**
einem –**en**	einer –**en**	einem –**en**	meinen –**en**
einen –**en**	eine –**e**	ein ◇ –**es**	meine –**en**

冠詞に語尾がない箇所に着目！

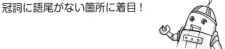

145
CD2-51

■ 形容詞＋名詞　　複数・1格

Zwei **schön_____ Tassen!** 2つのきれいなカップ！

➡ **無冠詞の場合**，形容詞自体が定冠詞類と同じ「強い」語尾を付けて格を示します。ただし，男性・中性の 2 格では形容詞は「弱い」語尾のままです（名詞自体に 2 格語尾が付くため）。

	男性〈いいワイン〉		女性〈いい音楽〉		中性〈いいビール〉	
1格	gut**er**	Wein	gut**e**	Musik	gut**es**	Bier
2格	gut**en**	Wein[e]s	gut**er**	Musik	gut**en**	Bier[e]s
3格	gut**em**	Wein	gut**er**	Musik	gut**em**	Bier
4格	gut**en**	Wein	gut**e**	Musik	gut**es**	Bier

	複数〈いい友達たち〉	
1格	gut**e**	Freunde
2格	gut**er**	Freunde
3格	gut**en**	Freunden
4格	gut**e**	Freunde

男性	女性	中性	複数
–**er**	–**e**	–**es**	–**e**
–*en*	–**er**	–*en*	–**er**
–**em**	–**er**	–**em**	–**en**
–**en**	–**e**	–**es**	–**e**

> 下線部の語句の中の<u>冠詞の種類</u>，<u>名詞の性</u>，<u>格</u>を書き出し，上の変化表で形容詞の格語尾を確認してみましょう。
> - Familie Maier hat <u>einen **klein**en</u> Hund.　　　　（ **不定** 冠詞・ **男** 性・ **4** 格）
> - <u>Der **kleine** Hund</u> heißt Wuffi.　　　　　　　（　　　冠詞・　　性・　　格）
> - <u>Mit dem **klein**en Hund</u> geht Hanna oft spazieren.　（　　　冠詞・　　性・　　格）

Sprechen 話してみよう

名詞の 1 格を用いて，形容詞の格語尾を練習してみましょう。

> Das ist ja *ein billiger DVD-Player*!

> Ja, *er* ist wirklich *billig*!

$(r) →$ **ein** —**er**
$(e) →$ **eine** —**e**
$(s) →$ **ein** —**es**

r **DVD-Player** / **billig**　　s Sofa / groß　　r Teddybär / süß

s Kleid / schön　　e Tasche / schick　　e Uhr / toll

DVD-Player ［デーファオ**デー**・プ**レ**イア］

Hören & Sprechen 聞いてみよう・話してみよう

ドイツ語の形容詞はそのままの形で副詞としても用いることができます（例：schön〈きれいに〉，gut〈上手に〉）。最初に下線部の語を書き取り，そのあとで語を自由に置き換えて会話練習をしましょう。

> Paul ＿＿＿＿ ＿＿＿＿.

> Ja, und Julia ＿＿＿＿ ＿＿＿.

fleißig
schön
gut

lernen　　singen　　backen

kochen　　malen　　schreiben　　arbeiten

形容詞の 3 つの用法を確認しておこう。
- der **fleißige** Thilo　　勤勉なティーロ　　▶名詞を修飾して【付加語的用法】
- Thilo ist **fleißig**.　　ティーロは勤勉だ。　　▶述語として【述語的用法】
- Thilo arbeitet **fleißig**.　　ティーロは勤勉に働く。　　▶副詞として【副詞的用法】

都市や地方の名物

都市名や地名に –er の語尾をつければ，形容詞になります。Berliner〈ベルリンの，ベルリン風の，ベルリン名物の〉といった具合です。

クリスマスのお菓子の代表，ニュルンベルクのレープクーヘン（Nürnberger Lebkuchen）。

Berliner Weiße

ベルリン風白ビール。シロップ入りで甘い。ちなみに色はシロップによってさまざまだが，注ぐビールは白ではない。

ミュンヘン名物白ソーセージ（Münchner Weißwurst）。甘いマスタード（süßer Senf）を付けて食べる。

Dresdner Stollen

ドレースデンのクリスマス市はドイツ最古の歴史を誇る。現地で食べるシュトレンはびっくりするほどおいしい。

Wiener Schnitzel

ウィーン風の子牛を使ったものが有名だが，カツレツはドイツ，オーストリアで広く食べられ，豚肉や鶏肉も使われる。

148
CD2-54

 Hören 聞いてみよう

ハンナのお父さんクラウスとお母さんマリーアの会話です。お父さんは新聞が読みたいのですが，メガネが見つかりません。さて，メガネはどこにあったでしょうか。正しい絵を選んでください。

(1) ☐ 　　(2) ☐ 　　(3) ☐ 　　(4) ☐

CD を聞く前に単語をチェックしておこう！

新聞
e _____

メガネ
e _____

Lesen 読んでみよう

ティーロのおじいちゃんの家で

Bei Thilos Opa

Naoki und Thilo räumen bei Thilos Opa auf. In einer großen Kiste sind ein rotes Hemd und alte Bücher, und in einer kleinen Kiste sind fünf weiße Teller. In einer schwarzen Kiste findet Thilo seinen alten Teddybären. Naoki findet ihn hübsch.

finden 見つける；(…を…だと) 思う　　Teddybären < Teddybär の 4 格（男性弱変化名詞 ☞ 58 頁）
hübsch かわいい

	richtig	falsch
(1) 大きな箱の中には黄色のシャツと古い本があります。	☐	☐
(2) 小さな箱の中には白い皿が 15 枚あります。	☐	☐
(3) ナオキはテディベアをかわいいと思います。	☐	☐

Einen Schritt weiter 先に進もう

■ 動詞の 3 基本形（規則動詞）

（12 課で現在完了形および過去形を学びます。それに向けて少しずつ準備をしていきます。）

不定詞		過去基本形 （語幹＋ te）		過去分詞 （ge ＋語幹＋ t）
lernen	学ぶ	－ lernte	－	gelernt
suchen	探す	－ suchte	－	gesucht
arbeiten	働く	－ arbeitete	－	gearbeitet

arbeiten は口調上の
e が入るよ！

➡ 不定詞, 過去基本形, 過去分詞を動詞の **3 基本形**と呼びます。過去分詞は現在完了形を作る際に用います。

■ 過去分詞の注意点

besuchen [ベズーヘン] 訪問する ▶ besucht

➡ 語頭にアクセントがない場合, 過去分詞で ge- を付けません。

過去分詞を作る ge- も非分離前つづり（☞ 66 頁）と同じくアクセントがない。
ドイツ語では弱アクセントの連続を嫌う傾向があるんだ。

Schreiben 書いてみよう

1 下線部の語句の中の冠詞の種類，名詞の性，格を書き出し，それに応じてイタリックの形容詞に適切な語尾を付けてみましょう。

(1) Familie Müller hat <u>eine *groß*＿＿＿ Katze</u>. (　冠詞・ 性・ 格)

(2) <u>Die *groß*＿＿＿ Katze</u> heißt Momo. (　冠詞・ 性・ 格)

(3) <u>Mit der *groß*＿＿＿ Katze</u> schläft Thilo oft auf dem Sofa. (　冠詞・ 性・ 格)

2 (　)内の形容詞に適切な語尾を付けて下線部に書き入れてみましょう。

(1) (deutsch..)

　　○ Ist dieses ＿＿＿＿＿＿＿＿＿＿＿ Bier lecker?

　　● Ja, es ist sehr lecker.

(2) (grün..)

　　○ Trinkt Frau Schmidt Tee?

　　● Ja, sie trinkt oft ＿＿＿＿＿＿＿＿ Tee.

(2) は無冠詞のパターンだ！

3 与えられた語句を参考にドイツ語文を作ってみましょう。

(1) レナーテは自分に新しいコンピューターを買います。

Renate / sich / *e.. neu..* Computer / kaufen / .

(1) の sich は何格かな？
☞ 70 頁

＿＿＿＿＿＿＿＿＿＿＿＿＿＿＿＿＿＿＿＿＿＿＿＿＿

(2) 彼女の新しいコンピューターで彼女はたくさんの E メールを書きたいと思っています。

mit *ihr.. neu..* Computer / sie / *viel..* E-Mails / schreiben / wollen / .

＿＿＿＿＿＿＿＿＿＿＿＿＿＿＿＿＿＿＿＿＿＿＿＿＿

＿＿＿＿＿＿＿＿＿＿＿＿＿＿＿＿＿＿＿＿＿＿＿＿＿

ハンブルクとミュンヘンでは どっちの町の方が大きいの？ 〜比較の表現〜

152
CD2-58

カフェテリアで。ナオキとハンナはドイツの旅行ガイドブックを見ています。

Naoki : Hamburg ist ja eine große Stadt. **Welche Stadt ist denn größer, Hamburg oder München?**

Hanna : Ich glaube, Hamburg ist größer als München. Aber die größte Stadt ist natürlich Berlin.

Naoki : Und die älteste Stadt ist Trier, oder?

Hanna : Ja, wahrscheinlich. Aber ganz genau weiß man das nicht.

Naoki : Welche Stadt findest du eigentlich am schönsten?

Hanna : Na, meine Heimatstadt Lübeck! Das ist doch klar!

Vokabeln 語彙をチェックしよう

als …より（英 *than*）

ältest..（最上級）< **alt** 古い

Berlin ベルリン（地名）

doch（強く肯定して）…ではないか

finden（…を…だと）思う

ganz まったく，完全に

glauben 思う（英 *believe*）

genau 正確な（英 *exact*）

groß 大きい（英 *big, large*）

größer（比較級）
größt..（最上級）} < **groß** 大きい

e Heimatstadt 故郷の町（Heimat + **Stadt**）

Lübeck リューベック（地名）

man（一般に）人は（★3 人称単数扱い）

na（軽くあしらって）ふふん

natürlich もちろん

oder または，あるいは（英 *or*）

schön*st..*（最上級）< **schön** 美しい

wahrscheinlich 多分（英 *probably*）

welche < **welcher** どの（英 *which*）（定冠詞類 ☞ 54 頁）

◆ **am —sten**【最上級と】最も…，いちばん… ▶
am schön*sten* いちばん美しい

In der Cafeteria. Naoki und Hanna blättern in einem Deutschland-Reiseführer.

ナオキ： ハンブルクは大きな町なんだね。

ハンブルクとミュンヘンではどっちの町の方が大きいの？

ハンナ： ハンブルクの方がミュンヘンより大きいと思うわ。

でもいちばん大きな町はもちろんベルリンよ。

ナオキ： そしていちばん古い町はトリアだよね？

ハンナ： うん，多分ね。でも正確なところは分からないの。

ナオキ： ところでハンナはどの町がいちばんきれいだと思う？

ハンナ： それは故郷のリューベックよ！ もちろん！

> **Sprachgefühl 言葉の感覚**
> 地名の多くは中性名詞で，無冠詞で用います。例えば in Berlin〈ベルリンで〉，nach Berlin〈ベルリンへ〉。

 Partnerübung ペアで練習しよう

イタリックの語句を自由に置き換えてみましょう。

153
CD2-59

Szene 1 …と…ではどっちの町の方が大きいの？

Welche Stadt ist größer, *Hamburg* oder *München*?

Hamburg ist größer als *München*.

ドイツの大都市ランキング
1. Berlin   5. Frankfurt
2. Hamburg   6. Stuttgart
3. München   7. Düsseldorf
4. Köln   8. Leipzig

154
CD2-60

Szene 2 どの町がいちばん
きれいだと思う？

Welche Stadt findest du am schönsten?

● Meine Heimatstadt *Lübeck*!
● Ich finde *Trier* am schönsten.

Hallo Leute! こっちはヨーロッパの大都市ランキングだよ。
1. Moskau   2. Istanbul*   3. London   4. Sankt Petersburg   5. Berlin
6. Madrid   7. Kiew   8. Rom   9. Paris   10. Minsk   (* ヨーロッパ側)

・ハンブルクとミュンヘンではどっちの町の方が大きいの？

Welche Stadt ist denn größer,
Hamburg oder München?

➡ groß〈大きい〉という形容詞の比較級が用いられています。その形と用法がポイントです。ドイツ語では，ある対象の性質を比較する際，英語と同様，形容詞や副詞の比較級・最上級が用いられます。

Grammatik 言葉のかたち　⑪ 比較の表現

156
CD2-62

■ 比較級・最上級

原級			比較級 (–er)		最上級 (–st)
schön	美しい	–	schöner	–	schönst
lang	長い	–	länger	–	längst
alt	古い	–	älter	–	ältest

alt には口調上の e！

➡ **比較級**は原級に –er を，**最上級**は –st を付けて作ります。一音節の短い語は，多くの場合ウムラウトします。英語と同じように，一部不規則なものもあります。

原級			比較級		最上級
groß	大きい	–	größer	–	größt
gut	よい	–	**besser**	–	**best**
viel	多い	–	**mehr**	–	**meist**
hoch	高い	–	**höher**	–	höchst

groß は最上級で –t のみ！

157
CD2-63

■ 比較級の用法

Hamburg ist ＿＿＿＿＿＿ ＿＿＿＿ München. ハンブルクの方がミュンヘンより大きい。

➡「A は B より…だ」という場合（述語的用法），**比較級と als** を用います。名詞を修飾する場合は（付加語的用法），比較級に**格語尾**（☞ 86–87 頁）が付きます。

eine **alt**e Stadt 古い町 ▶ eine **älter**e Stadt より古い町

158
CD2-64

■ 最上級の用法

Welche Stadt findest du eigentlich ＿＿＿＿ ＿＿＿＿＿＿＿？

どの町がいちばんきれいだと思う？

➡「A は最も…だ」という場合（述語的用法），最上級を **am –sten** という形で用います。

die **alt*e*** Stadt （その）古い町　▶ die **ältest____** Stadt　いちばん古い町

➡ 名詞を修飾する場合は（付加語的用法），最上級にやはり**格語尾**が付きます。ふつう定冠詞とともに用います。なお，この形式を適用し，「A は最も…だ」と言うことも可能です。

Thilo ist **der größt*e***. ティーロがいちばん大きい。（＝ Thilo ist am größten.）

Hanna ist **die fleißigst*e***. ハンナがいちばん勤勉だ。（＝ Hanna ist am fleißigsten.）

> 下線部の形容詞の元の形（原級）を書き出し，その意味を調べてみましょう。
> ● Das ist ein schnellerer Zug. ▶ _schnell_____ （意味　　　　）
> ● Können Sie mir den kürzesten Weg sagen? ▶ _____ （意味　　　　）
> ● Renate entscheidet sich für das teuerste Modell. ▶ _____ （意味　　　　）

■ 副詞の比較級・最上級

159
CD2-65

Naoki schwimmt **besser als** Thilo.　　ナオキはティーロより上手に泳ぐ。

Naoki schwimmt **am besten**.　　ナオキがいちばん上手に泳ぐ。

➡ 副詞による比較も形容詞の場合と同様です。ただし最上級は am –sten の形しかありません。

■ 心態詞

160
CD2-66

Hamburg ist **ja** eine große Stadt.　ハンブルクは大きな町なんだね。

➡ 上例の ja のように，話し手の主観的な気持ちや態度を反映して用いられる一連の語があります。**心態詞**と呼ばれることがあります。

➡ 一般に話し言葉でのみ用いられ，場面に応じてさまざまなニュアンスを持ちます。ふつうアクセントは置かれません。次はこれまでに出てきた例です。

Das ist **doch** klar! もちろん！（☞ 92 頁）

Wann schenkst du ihm **denn** den Fußball? サッカーボールはいつあげるの？（☞ 28 頁）

Was macht **eigentlich** dein Vater? 君のお父さんは何をしてるの？（☞ 52 頁）

Komm **doch** mit! いっしょにおいでよ！（☞ 68 頁）

Guck **mal**! ちょっと見て！（☞ 84 頁）

辞書ではふつう副詞に分類されているよ。
日本語には訳しにくいけれど，
少しずつ慣れていこう。

Sprechen 話してみよう

比較級を使って，会話練習をしてみましょう。

Wer ist *größer*, *Leo* oder *Paul*?　　　*Paul* ist *größer*.

größer
älter

Name:	**Paul**	Anna	**Leo**	Sofie
Größe:	**1,80 m**	1,65 m	**1,77 m**	1,69 m
Alter:	20	19	22	21

1,80 m は ein Meter achtzig と読むよ。長さなどの単位の多くは日本とドイツで共通なんだ。

Hören & Sprechen 聞いてみよう・話してみよう

今度は最上級を使った練習です。最初に下線部の語を書き取り，そのあとで語を自由に置き換えて
会話練習をしましょう。

Wer _____ am besten?　　　_____ _____ _____ am besten.

schwimmen / Frau Müller　　　singen / Herr Maier　　　tanzen / Frau Fischer

kochen / Herr Schneider　　　malen / Frau Schmidt　　　turnen / Herr Wagner

Kulturecke
文化コーナー

Berlin

Links im Bild kann man den Fernsehturm (368m) Berlins erkennen. Im Fernsehturm befindet sich oben ein „Drehrestaurant". Es dreht sich langsam und man kann das Panorama um 360 Grad genießen.

ベルリン

左手にベルリンのテレビ塔（368m）が見える。テレビ塔には回転レストランがあり，ゆっくりと回る展望台で360度のパノラマを楽しむことができる。

Hamburg

Die Hansestadt Hamburg liegt an der Elbe in Norddeutschland und besitzt den größten Hafen Deutschlands. Auch unter Touristen ist die Stadt ein beliebtes Reiseziel.

ハンブルク

ハンザ都市ハンブルクは，北ドイツ，エルベ河畔に位置し，ドイツ最大の港を持つ。旅行者の間でも人気の目的地。

Hören 聞いてみよう

書き取りにチャレンジしてみましょう。会社の同僚どうしでの会話のようです。

A: Was _____ Sie am _____ ?

B: Ich _____ mit meiner _____ nach _____ .

Wir _____ den Dom besichtigen.

Lesen 読んでみよう

ドイツ

Deutschland

Die Hauptstadt Berlin ist die größte Stadt in Deutschland. Aber die älteste Stadt ist wahrscheinlich Trier. Sie ist über zweitausend Jahre alt. Der längste Fluss in Deutschland ist der Rhein, und der höchste Berg ist die Zugspitze. Sie ist aber kleiner als der Fuji in Japan.

e Hauptstadt 首都　　über …以上の　　*r* Fluss 川　　*r* Berg 山

山や川の名前にも名詞の性があるよ。例えば，*die* Zugspitze〈ツークシュピッツェ（山）〉, *der* Rhein〈ライン川〉, *die* Donau〈ドナウ川〉。でも外国の山や川の多くは，*der* Berg〈山〉, *der* Fluss〈川〉に合わせて男性名詞にすればいいんだ。だから，*der* Fuji〈富士山〉, *der* Shinano〈信濃川〉。

	richtig	falsch
(1) ドイツでいちばん長い川はライン川です。	☐	☐
(2) ドイツでいちばん高い山はツークシュピッツェです。	☐	☐
(3) ツークシュピッツェは富士山より高い。	☐	☐

Einen Schritt weiter 先に進もう

■ **動詞の 3 基本形（不規則動詞）**

不定詞		過去基本形		過去分詞
gehen	行く	– **ging**	–	**gegangen**
schlafen	眠る	– **schlief**	–	**geschlafen**
sehen	見る	– **sah**	–	**gesehen**

➡ 個別に学習すべき一連の動詞があります。**不規則動詞**として巻末の一覧にまとめましたので，そちらを参照してください（☞ 116 頁）。辞書では見出し語の右肩に * が付いています。

■ **過去分詞の注意点**

verschlafen [フェアシュラーフェン] 寝坊する ▶ ver**schlafen**（ver + **geschlafen**）
➡ 語頭にアクセントがない場合，やはり過去分詞で ge- を付けません。

mit|gehen いっしょに行く ▶ mit**gegangen**
➡ 分離動詞は基礎動詞部分を過去分詞にして，一語でつづります。

Schreiben 書いてみよう

1 （　　　）内の形容詞を適切な形の比較級または最上級にして下線部に入れてみましょう。

(1) (alt)

Kyoto ist eine alte Stadt. Aber Nara ist noch _____ als Kyoto.

(2) (lang)

Die Donau ist eigentlich _____ als der Rhein, aber in Deutschland ist der Rhein

der _____ Fluss.

(3) (gut)

Heute ist das Wetter _____ als gestern.

viel 〈多くの〉は
物質名詞や抽象名詞の前では
ふつう格語尾は付かないんだ。
Ich habe Zeit. Ich habe viel Zeit!

(4) (viel)

Ich habe morgen _____ Zeit als heute.

2 次の最終課ではいよいよ現在完了形を学びます。動詞の3基本形（☞ 90, 98 頁）を確認しておきましょう。 * は不規則動詞です。

不定詞		過去基本形		過去分詞
lernen	学ぶ	－ lern**te**	－	**ge**lern**t**
jobben	アルバイトする	－ _____	－	_____
machen	…をする	－ _____	－	_____
spielen	（球技を）する	－ _____	－	_____
gehen*	行く	－ **ging**	－	**gegangen**
lesen*	読む	－ _____	－	_____
schlafen*	眠る	－ _____	－	_____
sehen*	見る，会う	－ _____	－	_____
mit|gehen*	いっしょに行く	－ **ging** ... mit	－	_____
verschlafen*	寝坊する	－ _____	－	_____

ティーロには今朝もう会った？ ～現在完了形～

ハンナがカフェテリアに座っているとナオキが通りかかります。ハンナが呼びかけます。

Hanna : Morgen, Naoki!

Sag mal, **hast du Thilo heute Morgen schon gesehen?**

Naoki : Nein, noch nicht. Warum?

Hanna : Wir wollten uns hier um zehn treffen.

Naoki : Vielleicht hat er verschlafen.

Er ist gestern Abend auf eine Party gegangen.

Hanna : Na dann! Und du? Bist du nicht mitgegangen?

Naoki : Nein, ich habe für eine Klausur gelernt.

Vokabeln 語彙をチェックしよう

für〔＋ 4格 〕…⁴のために

gegangen（過去分詞）< **gehen** 行く

gelernt（過去分詞）< **lernen** 勉強する

gesehen（過去分詞）< **sehen** 見る

gestern 昨日（英 *yesterday*）▶ *gestern* Abend 昨日の晩

e Klausur （特に大学の）筆記試験

mit*gegangen*（過去分詞）< **mit|gehen** いっしょに行く

r Morgen 朝（英 *morning*）▶ heute *Morgen* 今日の朝

na（諦め・譲歩を表して）ふうん，まあ

e Party パーティー ▶ auf eine *Party* gehen パーティーに行く

treffen …⁴ に）会う（★ここでの目的語 uns は再帰代名詞の相互的用法で「お互いに」☞ 71 頁）

ver*schlafen*（過去分詞）< **verschlafen** 寝坊する

vielleicht ひょっとしたら（英 *perhaps, maybe*）

wollten（過去形）< **wollen** …するつもりだ

zehn 10（英 *ten*）（数字 ☞ 42 頁）

◆ **haben** ＋ 過去分詞 ⎫
　sein ＋ 過去分詞 ⎬ …した（完了形）

◆ **Morgen!**（口語）おはよう！（= Guten Morgen!）

過去分詞 ☞ 90, 98 頁

Hanna sitzt in der Cafeteria. Naoki kommt zufällig vorbei. Hanna ruft ihn.

ハンナ： おはよう，ナオキ！

　　　　 ねえ，**ティーロには今朝もう会った？**

ナオキ： いや，まだ。どうして？

ハンナ： ここで 10 時に会うつもりだったんだけど。

ナオキ： もしかしたら寝坊しちゃったんじゃないかな。

　　　　 昨日の夜はパーティーに行ったから。

ハンナ： だったらね！ それであなたは？ いっしょに行かなかったの？

ナオキ： うん，試験のために勉強してたんだ。

Partnerübung ペアで練習しよう

イタリックの語句を自由に置き換えてみましょう。

169
CD2-75

Szene 1　**ティーロには今朝もう会った？**

Hast du Thilo heute Morgen
schon gesehen?

● Ja, *eben*. *In der Mensa*.
● Nein, noch nicht.

wann?	**wo?**
... eben.	In der Mensa.
... vor zehn Minuten.	In der Cafeteria.
... vor einer Stunde.	Im Bus zur Uni.

170
CD2-76

Szene 2　**あなたはいっしょに
行かなかったの？**

Bist du nicht mitgegangen?

Nein, ich *habe für eine
Klausur gelernt*.

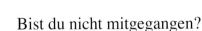

行為（…をした）	habe	Fußball gespielt. ein Buch gelesen.
移動（…へ行った）	bin	ins Kino gegangen. nach Köln gefahren.

ティーロには今朝もう会った？

Hast du Thilo heute Morgen schon gesehen?

➡️ sehen〈見る，会う〉という動詞が現在完了形で用いられています。現在完了形の作り方や助動詞の選択（上例では haben）がポイントです。ドイツ語の話し言葉では，過去の事柄を表す場合，一般に現在完了形が用いられます。

Grammatik 言葉のかたち　⑫ 現在完了形

172
CD2-78

■ 現在完了形

Ich ＿＿＿＿＿＿ für eine Klausur ＿＿＿＿＿＿＿＿＿ .（◀ lernen 勉強する）

僕は試験のために勉強した。

Er ＿＿＿＿＿ gestern Abend auf eine Party ＿＿＿＿＿＿＿＿ .（◀ gehen 行く）

彼は昨晩パーティーに行った。

➡️ **現在完了形**では，完了の助動詞として haben または sein が用いられ，本動詞は過去分詞の形で文末に置かれます。gestern〈昨日〉など，過去の時点を表す語句も使うことができます。

ich	habe	... gelernt	wir	haben	... gelernt
du	hast	... gelernt	ihr	habt	... gelernt
er	hat	... gelernt	sie	haben	... gelernt

（haben の変化 ☞ 31 頁）

ich	bin	... gegangen	wir	sind	... gegangen
du	bist	... gegangen	ihr	seid	... gegangen
er	ist	... gegangen	sie	sind	... gegangen

（sein の変化 ☞ 15 頁）

173
CD2-79

■ sein で完了形を作る動詞

＿＿＿＿＿＿ du nicht ＿＿＿＿＿＿＿＿＿ ?（◀ mit|gehen いっしょに行く）

あなたはいっしょに行かなかったの。

➡️ sein で完了形を作るのは自動詞（4 格目的語を取らない動詞）の一部で，次にあげるように，主に何らかの変化を表す動詞です。

1. **場所の移動**を表す自動詞	▶ gehen〈行く〉, kommen〈来る〉など
2. **状態の変化**を表す自動詞	▶ auf|stehen〈起きる〉, ein|schlafen〈眠り込む〉など
3. その他	▶ sein〈…である〉, bleiben〈とどまる〉など

【haben と sein】 歴史をさかのぼると，現在完了形は元々「…を…した状態で持っている (haben)」や「…が…した状態である (sein)」のような表現でした。現在二つの助動詞があるのはそのためです。ちなみに英語では，*Spring is come.*〈春が来た〉のような古風な言い回しもありますが，基本的には *have* しか使われなくなりました。

▌ 自分の辞書で gehen の完了の助動詞がどう表示されているか確認してみましょう。
▌ 例1 **ge·hen** 圓〔完了 sein〕　　例2 **ge·hen** *i (s)*

〔完了 haben〕〔完了 sein〕と書かれていたり，*(h) (s)* と書かれていたりするよ！

ちなみに 圓 や *i* は自動詞，圏 や *t* は他動詞のことだよ。

174
CD2-80

■ 現在完了形の文

ひょっとしたら	彼は	寝坊し	た
vielleicht	er	**verschlafen**	*haben*

▶ | Vielleicht | **hat** | er | **verschlafen** | .
❷

あなたは	ティーロを	今朝	もう	見	た？
du	Thilo	heute Morgen	schon	**gesehen**	*haben*？

▶ **Hast** | du Thilo heute Morgen schon | **gesehen** | ？
❶

➡ 語句を日本語と同じ順序に並べます。最後に来た完了の助動詞を人称変化させ，平叙文では 2 番目に，決定疑問文では文頭に持っていきます。過去分詞は文末に残ります。

175
CD2-81

■ 過去形

Wir _____ uns hier um zehn treffen. (◀ wollen …したい)

私たち，ここで 10 時に会うつもりだったんだけど。

➡ ドイツ語の**過去形**は主に新聞や小説などの書き言葉で用いられます。ただし，sein, haben, 話法の助動詞は，話し言葉でもよく過去形が用いられます。過去形も**人称変化**します。

過去基本形が −e で終わっている場合，e は重ねて付けないよ。

wollen …したい ▶ 過去 **wollte**	
ich wollte	wir wollte**n**
du wollte**st**	ihr wollte**t**
er wollte	sie wollte**n**

◀

ich —	wir —**[e]n**
du —**st**	ihr —**t**
er —	sie —**[e]n**

Sprechen 話してみよう

現在完了形の形に慣れましょう。前もって完了の助動詞 (habe または bin) を記入しておき，それを使って会話練習をしましょう。

Was hast du gestern gemacht?　　　　Ich *habe Deutsch gelernt*.

habe
bin

_____ ein Buch gelesen

_____ nach Heidelberg gefahren

*habe*　Deutsch gelernt

_____ ins Kino gegangen

_____ ferngesehen

Hören & Sprechen 聞いてみよう・話してみよう

現在完了形を使ってある事をしたことがあるかどうか尋ねる練習です。最初に下線部の語を書き取り，そのあとで語を自由に置き換えて会話練習をしましょう。

Hast du schon einmal
_____ _____?

- Ja, schon oft.
- Ja, einmal.
- Nein, noch nie.

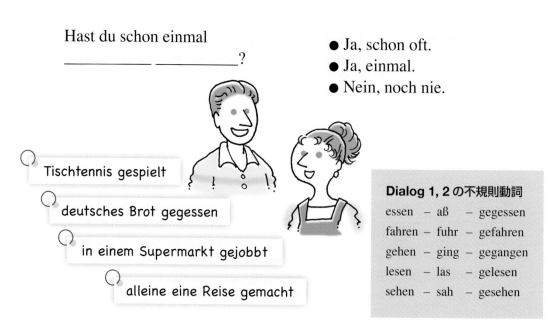

Tischtennis gespielt

deutsches Brot gegessen

in einem Supermarkt gejobbt

alleine eine Reise gemacht

Dialog 1, 2 の不規則動詞

essen	– aß	– gegessen
fahren	– fuhr	– gefahren
gehen	– ging	– gegangen
lesen	– las	– gelesen
sehen	– sah	– gesehen

ドイツの大学

ないないづくしがドイツの大学，と今まで言われてきました。入学試験がない。授業料がない。修業年限の上限がない。もちろん，入学式も卒業式もない。

ドイツの大学の多くは州立（Bundesland を国と考えるなら国立）ですが，このような伝統的なドイツの大学のあり方に，近年は大きな変革が加えられてきました。とりわけ，ドイツの各州で学士課程が導入されたのは大きな変化でした。

大学進学希望者は，日本の中学・高校にあたるギムナジウム（Gymnasium）の卒業資格試験アビトゥーア（Abitur）に合格しなければなりません。これが同時に大学入学資格となります。

ただし，すべてのアビトゥーア合格者が無条件で希望の大学・学部に進学できるわけではありません。医学部など，特に人気のある学部では，以前から入学者数制限（Numerus clausus）がありましたが，大学進学希望者の増加とともに，近年では独自の制限や選抜制度を設ける大学・学部も増えています。

ロストック大学（メクレンブルク・フォーアポンメルン州）の講義室風景。講義の後，拍手代わりに机を叩くのがドイツの伝統。

ドイツには歴史のある大学も多い。写真はエアランゲン・ニュルンベルク大学（バイエルン州）。

178

CD2-84

Hören 聞いてみよう

ハンナとナオキが日曜日に何をしたか話をしています。二人はそれぞれ何をしたでしょうか。

ナオキ　　□ 買い物に行きました。

　　　　　□ 映画に行きました。

　　　　　□ 泳ぎに行きました。

ハンナ　　ユーリアとテニスをして，その後，

　　　　　□ 本を読みました。

　　　　　□ 喫茶店でアルバイトをしました。

　　　　　□ 日本語を勉強しました。

Lesen 読んでみよう

昨晩

Gestern Abend

Thilo ist gestern auf eine Party gegangen. Er hat dort einige Freunde getroffen und mit ihnen viel Bier getrunken. Deshalb hat er heute verschlafen. Naoki hat gestern von acht bis elf Uhr für eine Klausur gelernt, und gegen zwölf Uhr ist er ins Bett gegangen.

einige いく人かの　　*getroffen* < treffen 会う　　*getrunken* < trinken 飲む　　deshalb そのため
gegen …頃　　ins Bett gehen 寝る

	richtig	falsch
(1) ティーロは友達とたくさんビールを飲みました。	☐	☐
(2) ナオキは昨夜 3 時間試験勉強をしました。	☐	☐
(3) ナオキは昨夜 11 時頃寝ました。	☐	☐

Einen Schritt weiter 先に進もう

■ **sein** と **haben** の過去人称変化

Wie **war** dein Wochenende? 君の週末はどうだった？

sein ▶ 過去 **war**				haben ▶ 過去 **hatte**		
ich	war	wir	war**en**	ich	hatte	wir	hatte**n**
du	war**st**	ihr	war**t**	du	hatte**st**	ihr	hatte**t**
er	war	sie	war**en**	er	hatte	sie	hatte**n**

➡ sein と haben の過去形もよく用いられる重要な形です。

■ **doch** と **nein**

Bist du nicht mitgegangen? いっしょに行かなかったの？

　▶ **Doch**. (行った) / **Nein**. (行かなかった)

➡ 否定疑問に答える場合は，**doch** (英 *yes*) と **nein** (英 *no*) を使います。

Schreiben 書いてみよう

1 （　　）内の動詞を用いて現在完了形の文を作ってみましょう。

(1)　(spielen)

　　○ ＿＿＿＿＿＿＿ du gestern Tennis ＿＿＿＿＿＿＿＿ ?

　　● Ja, ich ＿＿＿＿＿＿＿ gestern Tennis ＿＿＿＿＿＿＿ .

(2)　(lesen / arbeiten)

　　○ ＿＿＿＿＿＿＿ Klaus gestern einen Roman ＿＿＿＿＿＿＿ ?

　　● Nein, er ＿＿＿＿＿＿＿ gestern den ganzen Tag ＿＿＿＿＿＿ .

(3)　(gehen)

　　○ ＿＿＿＿＿＿＿ du gestern ins Kino ＿＿＿＿＿＿＿ ?

　　● Ja, ich ＿＿＿＿＿＿＿ gestern ins Kino ＿＿＿＿＿＿＿ .

完了の助動詞の
選択に注意！

(4)　(kommen / sehen)

　　○ ＿＿＿＿＿＿＿ Julia gestern zur Uni ＿＿＿＿＿＿＿ ?

　　● Nein, ich glaube nicht. Ich ＿＿＿＿＿＿＿ sie gestern nicht ＿＿＿＿＿＿ .

2　与えられた語句を参考にドイツ語文を作ってみましょう。すべて現在完了形にしてください。

(1)　僕は昨日友達とサッカーをした。

ich / gestern / mit / *mein*.. Freunde..（複数で）/ Fußball / spielen / .

＿＿＿＿＿＿＿＿＿＿＿＿＿＿＿＿＿＿＿＿＿＿＿＿

(2)　そのあと僕たちはビアガーデンに行った。

danach / wir / in / *e*.. Biergarten / gehen / .

＿＿＿＿＿＿＿＿＿＿＿＿＿＿＿＿＿＿＿＿＿＿＿＿

(3)　そこで僕たちはたくさん食べて飲んだ。

dort / wir / viel / essen / und / trinken / .

＿＿＿＿＿＿＿＿＿＿＿＿＿＿＿＿＿＿＿＿＿＿＿＿

重要動詞変化表

メインダイアローグに出てくるすべての動詞およびその他の箇所から重要な動詞を取り上げました。
*…不規則動詞　|…分離箇所　現在…現在人称変化　過去…過去基本形　過分…過去分詞

ab|holen [áphoːlən アップ・ホーレン]

迎えに行く〈来る〉

Hanna *holt* uns um sieben mit dem Auto *ab*.
ハンナが7時に車で迎えに来てくれる。

現在	ich hole ... ab	wir holen ... ab
	du holst ... ab	ihr holt ... ab
	er holt ... ab	sie holen ... ab
	Sie holen ... ab	

過去 hol**te** ... ab　過分 ab**ge**hol**t**

an|fangen* [ánfaŋən アン・ファンゲン]

始まる

Wann *fängt* denn der Film *an*?
映画はいつ始まるの？

現在	ich fange ... an	wir fangen ... an
	du **fängst** ... an	ihr fangt ... an
	er **fängt** ... an	sie fangen ... an
	Sie fangen ... an	

・du/er でウムラウトする。

過去 **fing** ... an　過分 an**ge**fangen

an|kommen* [ánkɔmən アン・コメン]

到着する

Der Zug *kommt* um 10 Uhr *an*.
列車は 10 時に到着する。

現在	ich komme ... an	wir kommen ... an
	du kommst ... an	ihr kommt ... an
	er kommt ... an	sie kommen ... an
	Sie kommen ... an	

過去 **kam** ... an　過分 an**ge**kommen

arbeiten [árbaɪtən アルバイテン]

働く

Sie *arbeitet* bei einer Firma in Rom.
彼女，ローマの会社で働いているのよ。

現在	ich arbeite	wir arbeiten
	du **arbeitest**	ihr **arbeitet**
	er **arbeitet**	sie arbeiten
	Sie arbeiten	

・du/er/ihr で口調上の e を入れる。

過去 arbeit**ete**　過分 **ge**arbeit**et**

auf|räumen [áʊfrɔymən アオフ・ロイメン]

片づける

Du musst echt mal dein Zimmer *aufräumen*!
あなた本当に一度部屋を片づけなきゃいけないわよ！

現在	ich räume ... auf	wir räumen ... auf
	du räumst ... auf	ihr räumt ... auf
	er räumt ... auf	sie räumen ... auf
	Sie räumen ... auf	

過去 räum**te** ... auf　過分 auf**ge**räum**t**

aus|sehen* [áʊszeːən アオス・ゼーエン]

…に見える

Sieht so *aus*.
そうみたいだね。

現在	ich sehe ... aus	wir sehen ... aus
	du **siehst** ... aus	ihr seht ... aus
	er **sieht** ... aus	sie sehen ... aus
	Sie sehen ... aus	

・du/er で e が ie になる。

過去 **sah** ... aus　過分 aus**ge**sehen

benutzen [bənútsən ベヌッツェン]

利用する

Darf ich kurz deinen Computer *benutzen*?
ちょっと君のコンピューターを使ってもいい？

現在	ich benutze	wir benutzen
	du **benutzt**	ihr benutzt
	er benutzt	sie benutzen
	Sie benutzen	

・du では -t のみを付ける。

過去 benutz**te**　過分 benutz**t**

・過去分詞で ge- を付けない。

brauchen [bráʊxən ブラオヘン]

必要とする

Und ich *brauche* noch Obst.
それからあと果物がいるな。

現在	ich brauche	wir brauchen
	du brauchst	ihr braucht
	er braucht	sie brauchen
	Sie brauchen	

過去 brauch**te**　過分 **ge**brauch**t**

dürfen* [dýrfən デュルフェン]

…してもよい

Darf ich kurz deinen Computer benutzen?
ちょっと君のコンピューターを使ってもいい？

現在	ich	**darf**		wir	dürfen
	du	**darfst**		ihr	dürft
	er	**darf**		sie	dürfen
			Sie dürfen		

・ich/du/er で不規則。

過去 **durfte**　過分 **dürfen / gedurft**

sich entscheiden* [ɛntʃáɪdən エントシャイデン]

決める（再帰的用法で）

Renate *entscheidet* sich für das teuerste Modell.
レナーテはいちばん高価なモデルに決める。

現在	ich	entscheide mich	wir	entscheiden uns
	du	**entscheidest** dich	ihr	**entscheidet** euch
	er	**entscheidet** sich	sie	entscheiden sich
		Sie entscheiden sich		

・du/er/ihr で口調上の e を入れる。

過去 **entschied**　過分 **entschieden**
・過去分詞で ge- を付けない。

sich erinnern [ɛr|ínərn エアインナーン]

思い出す，覚えている（再帰的用法で）

Er *erinnert* sich an seine Schulzeit.
彼は学校時代のことを思い出す。

現在	ich	erinnere mich	wir	**erinnern** uns
	du	erinnerst dich	ihr	erinnert euch
	er	erinnert sich	sie	**erinnern** sich
		Sie **erinnern** sich		

・不定詞語尾は -n。
・wir/sie/Sie の語尾も同形。

過去 erinner**te**　過分 erinner**t**
・過去分詞で ge- を付けない。

essen* [ésən エッセン]

食べる

Ich *esse* jeden Tag einen Apfel und eine Banane.
毎日リンゴとバナナを食べてるんだ。

現在	ich	esse		wir	essen
	du	**isst**		ihr	esst
	er	**isst**		sie	essen
			Sie essen		

・du/er で e が i になる。
・du では -t のみを付ける。

過去 **aß**　過分 **gegessen**

fahren* [fá:rən ファーレン]

（乗り物で）行く

Ich *fahre* mit Naoki nach München.
僕はナオキとミュンヘンへ行く。

現在	ich	fahre		wir	fahren
	du	**fährst**		ihr	fahrt
	er	**fährt**		sie	fahren
			Sie fahren		

・du/er でウムラウトする。

過去 **fuhr**　過分 **gefahren**

fern|sehen* [férnze:ən フェルン・ゼーエン]

テレビを見る

Siehst du *fern*?
テレビを見てるの？

現在	ich	sehe	… fern	wir	sehen	… fern
	du	**siehst**	… fern	ihr	seht	… fern
	er	**sieht**	… fern	sie	sehen	… fern
		Sie sehen … fern				

・du/er で e が ie になる。

過去 **sah** … fern　過分 fern**gesehen**

finden* [fíndən フィンデン]

見つける；（…を…だと）思う

Ich kann meinen Schlüssel nicht *finden*.
鍵を見つけられないんだ。

現在	ich	finde		wir	finden
	du	**findest**		ihr	**findet**
	er	**findet**		sie	finden
			Sie finden		

・du/er/ihr で口調上の e を入れる。

過去 **fand**　過分 **gefunden**

fliegen* [flí:gən フリーゲン]

飛ぶ，（飛行機で）行く

Im August *fliege* ich nach Italien.
8月にイタリアへ行くわ。

現在	ich	fliege		wir	fliegen
	du	fliegst		ihr	fliegt
	er	fliegt		sie	fliegen
			Sie fliegen		

過去 **flog**　過分 **geflogen**

fragen [frá:ɡən フラーゲン] ─────

尋ねる

Naoki *fragt* oft: „Was ist das?"
ナオキはしばしば「これは何？」と尋ねる。

現在	ich	frage		wir	fragen
	du	fragst		ihr	fragt
	er	fragt		sie	fragen
			Sie	fragen	

過去 frag**te**　過分 **ge**frag**t**

---

sich **freuen** [frɔ́yən フロイエン] ─────

喜ぶ；楽しみにしている（再帰的用法で）

Ich *freue* mich schon auf das Fest.
お祭り，今から楽しみだな。

現在	ich	freue mich		wir	freuen uns
	du	freust dich		ihr	freut euch
	er	freut sich		sie	freuen sich
			Sie	freuen sich	

過去 freu**te**　過分 **ge**freu**t**

---

geben* [ɡé:bən ゲーベン] ─────

与える；【es gibt の形で】…がある，いる

Wo *gibt* es Geschirr?
食器はどこにあるんだろう？

現在	ich	gebe		wir	geben
	du	**gibst**		ihr	gebt
	er	**gibt**		sie	geben
			Sie	geben	

・du/er で e が i になる。

過去 **gab**　過分 **gegeben**

---

gehen* [ɡé:ən ゲーエン] ─────

行く

Hanna und ich *gehen* ins Kino.
ハンナと僕，映画を見に行くんだ。

現在	ich	gehe		wir	gehen
	du	gehst		ihr	geht
	er	geht		sie	gehen
			Sie	gehen	

過去 **ging**　過分 **gegangen**

---

gehören [ɡəhǿ:rən ゲヘーレン] ─────

…のものである，…に属する

Wem *gehört* dieser Schal?
このマフラーは誰の？

現在	ich	gehöre		wir	gehören
	du	gehörst		ihr	gehört
	er	gehört		sie	gehören
			Sie	gehören	

過去 gehör**te**　過分 gehört
・過去分詞で ge- を（重ねて）付けない。

---

glauben [ɡláʊbən グラオベン] ─────

思う，信じる

Ich *glaube*, Hamburg ist größer als München.
ハンブルクの方がミュンヘンより大きいと思うわ。

現在	ich	glaube		wir	glauben
	du	glaubst		ihr	glaubt
	er	glaubt		sie	glauben
			Sie	glauben	

過去 glaub**te**　過分 **ge**glaub**t**

---

gucken [ɡúkən グッケン] ─────

（口語）見る

Guck mal!
ちょっと見て！

現在	ich	gucke		wir	gucken
	du	guckst		ihr	guckt
	er	guckt		sie	gucken
			Sie	gucken	

過去 guck**te**　過分 **ge**guck**t**

---

haben* [há:bən ハーベン] ─────

持っている

Übrigens, Thilo *hat* morgen Geburtstag.
ところで，明日はティーロの誕生日よ。

現在	ich	habe		wir	haben
	du	**hast**		ihr	habt
	er	**hat**		sie	haben
			Sie	haben	

・du/er で不規則。

過去 **hatte**　過分 **gehabt**

hassen [hásən ハッセン]

憎む，嫌がる

Julia *hasst* Unpünktlichkeit.
ユーリアは時間を守らないのが大嫌いなんだ。

現在	ich hasse		wir hassen
	du **hasst**		ihr hasst
	er hasst		sie hassen
		Sie hassen	

・du では -t のみを付ける。

過去 hasste　過分 gehasst

heißen* [háɪsən ハイセン]

…という名前である

Hallo, ich *heiße* Naoki.
やあ，僕の名前はナオキ。

現在	ich heiße		wir heißen
	du **heißt**		ihr heißt
	er heißt		sie heißen
		Sie heißen	

・du では -t のみを付ける。

過去 hieß　過分 geheißen

kaufen [káʊfən カオフェン]

買う

Was *kaufst* du?
君は何を買うの？

現在	ich kaufe		wir kaufen
	du kaufst		ihr kauft
	er kauft		sie kaufen
		Sie kaufen	

過去 kaufte　過分 gekauft

kommen* [kɔ́mən コンメン]

来る

Ich *komme* aus Japan.
日本から来たんだ。

現在	ich komme		wir kommen
	du kommst		ihr kommt
	er kommt		sie kommen
		Sie kommen	

過去 kam　過分 gekommen

können* [kœ́nən ケンネン]

…できる

Ich *kann* meinen Schlüssel nicht finden.
鍵を見つけられないんだ。

現在	ich **kann**		wir können
	du **kannst**		ihr könnt
	er **kann**		sie können
		Sie können	

・ich/du/er で不規則。

過去 konnte　過分 können / gekonnt

lernen [lɛ́rnən レルネン]

勉強する

Wir wollen zusammen Deutsch *lernen*.
僕たち，いっしょにドイツ語の勉強をしようと思ってるんだ。

現在	ich lerne		wir lernen
	du lernst		ihr lernt
	er lernt		sie lernen
		Sie lernen	

過去 lernte　過分 gelernt

lesen* [léːzən レーゼン]

読む

Ich *lese* gerade einen Roman.
今小説を読んでいるところ。

現在	ich lese		wir lesen
	du **liest**		ihr lest
	er **liest**		sie lesen
		Sie lesen	

・du/er で e が ie になる。
・du では -t のみを付ける。

過去 las　過分 gelesen

liegen* [líːɡən リーゲン]

横になっている，（横にして）置いてある

Ah, da *liegt* er ja.
あ，あそこにある。

現在	ich liege		wir liegen
	du liegst		ihr liegt
	er liegt		sie liegen
		Sie liegen	

過去 lag　過分 gelegen

machen [máxən マッヘン] ────

する；作る

Was *machst* du?
何してるの？

現在	ich	mache		wir	machen
	du	machst		ihr	macht
	er	macht		sie	machen
			Sie machen		

過去 machte	過分 gemacht

mit|gehen* [mítge:ən ミット・ゲーエン] ────

いっしょに行く

Bist du nicht *mitgegangen*?
いっしょに行かなかったの？

現在	ich	gehe	… mit	wir	gehen	… mit
	du	gehst	… mit	ihr	geht	… mit
	er	geht	… mit	sie	gehen	… mit
			Sie gehen … mit			

過去 ging … mit	過分 mit**gegangen**

mit|kommen* [mítkɔmən ミット・コメン] ────

いっしょに来る

Kommst du *mit*?
いっしょに来る？

現在	ich	komme	… mit	wir	kommen	… mit
	du	kommst	… mit	ihr	kommt	… mit
	er	kommt	… mit	sie	kommen	… mit
			Sie kommen … mit			

過去 kam … mit	過分 mit**gekommen**

mögen* [mǿgən メーゲン] ────

…が好きだ；【助動詞】…かもしれない

Hanna *mag* Süßigkeiten.
ハンナは甘いものが好きだ。

現在	ich	**mag**		wir	mögen
	du	**magst**		ihr	mögt
	er	**mag**		sie	mögen
			Sie mögen		

・ich/du/er で不規則。

過去 **mochte**	過分 **gemocht** / **mögen**

müssen* [mýsən ミュッセン] ────

…しなければならない

Du *musst* echt mal dein Zimmer aufräumen!
あなた本当に一度部屋を片づけなきゃいけないわよ！

現在	ich	**muss**		wir	müssen
	du	**musst**		ihr	müsst
	er	**muss**		sie	müssen
			Sie müssen		

・ich/du/er で不規則。

過去 **musste**	過分 **müssen** / **gemusst**

nehmen* [néːmən ネーメン] ────

取る，…にする

Ich *nehme* einen Teller, eine Tasse und ein Glas.
お皿を1つ，カップを1つ，グラスを1つ，買ってと。

現在	ich	nehme		wir	nehmen
	du	**nimmst**		ihr	nehmt
	er	**nimmt**		sie	nehmen
			Sie nehmen		

・du/er で e が i になる。
・du/er で子音字が変化する。

過去 **nahm**	過分 **genommen**

sagen [záːgən ザーゲン] ────

言う

Sag mal, hast du morgen Abend schon etwas vor?
ねえ，明日の夜はもう何か予定がある？

現在	ich	sage		wir	sagen
	du	sagst		ihr	sagt
	er	sagt		sie	sagen
			Sie sagen		

過去 sagte	過分 ge**sagt**

schenken [ʃéŋkən シェンケン] ────

贈る

Ich *schenke* ihm einen Fußball.
僕は彼にサッカーボールをあげるんだ。

現在	ich	schenke		wir	schenken
	du	schenkst		ihr	schenkt
	er	schenkt		sie	schenken
			Sie schenken		

過去 schenk**te**	過分 ge**schenkt**

schlafen* [ʃláːfən シュラーフェン]

眠っている

Jetzt *schläft* die Katze auf dem Tisch.

今猫はテーブルの上で眠っている。

現在	ich schlafe	wir schlafen
	du **schläfst**	ihr schlaft
	er **schläft**	sie schlafen
	Sie schlafen	

・du/er でウムラウトする。

過去 **schlief**　過分 **geschlafen**

sich **setzen** [zétsən ゼッツェン]

座る（再帰的用法で）

Herr Fischer *setzt* sich auf eine Bank.

フィッシャーさんはベンチに座る。

現在	ich setze mich	wir setzen uns
	du **setzt** dich	ihr setzt euch
	er setzt sich	sie setzen sich
	Sie setzen sich	

・du では -t のみを付ける。

過去 setz**te**　過分 **ge**setz**t**

schreiben* [ʃráɪbən シュライベン]

書く

Schreibst du einen Brief?

手紙を書いているの？

現在	ich schreibe	wir schreiben
	du schreibst	ihr schreibt
	er schreibt	sie schreiben
	Sie schreiben	

過去 **schrieb**　過分 **geschrieben**

singen* [zíŋən ズィンゲン]

歌う

Paul *singt* gut.

パウルは歌がうまい。

現在	ich singe	wir singen
	du singst	ihr singt
	er singt	sie singen
	Sie singen	

過去 **sang**　過分 **gesungen**

sehen* [zéːən ゼーエン]

見える，見る；会う

Hast du Thilo heute Morgen schon *gesehen*?

ティーロには今朝もう会った？

現在	ich sehe	wir sehen
	du **siehst**	ihr seht
	er **sieht**	sie sehen
	Sie sehen	

・du/er で e が ie になる。

過去 **sah**　過分 **gesehen**

sitzen* [zítsən ズィッツェン]

座っている

Naoki *sitzt* jetzt in der Bibliothek.

ナオキは今図書館の中に座っている。

現在	ich sitze	wir sitzen
	du **sitzt**	ihr sitzt
	er sitzt	sie sitzen
	Sie sitzen	

・du では -t のみを付ける。

過去 **saß**　過分 **gesessen**

sein* [zaɪn ザイン]

…である

Ich *bin* Thilo.

僕はティーロ。

現在	ich **bin**	wir **sind**
	du **bist**	ihr **seid**
	er **ist**	sie **sind**
	Sie **sind**	

・いずれも不規則。

過去 **war**　過分 **gewesen**

sollen* [zɔ́lən ゾレン]

…するように求められている；…すべきである

Naoki *soll* seinen Aufsatz bis Montag schreiben.

ナオキは作文を月曜までに書くように言われている。

現在	ich **soll**	wir sollen
	du sollst	ihr sollt
	er **soll**	sie sollen
	Sie sollen	

・ich/er で不規則。

過去 **sollte**　過分 **sollen / gesollt**

spielen [ʃpíːlən シュピーレン] ────

（サッカーなどを）**する**；**遊ぶ**

Was *spielst* du?
君は何をするの？

現在	ich spiele	wir spielen
	du spielst	ihr spielt
	er spielt	sie spielen
		Sie spielen

過去 spielte	過分 gespielt

sprechen＊ [ʃpréçən シュプレッヒェン] ────

話す

Makiko kann gut Deutsch, Englisch und Spanisch *sprechen*.
マキコは上手にドイツ語と英語とスペイン語を話すことができる。

現在	ich spreche	wir sprechen
	du **sprichst**	ihr sprecht
	er **spricht**	sie sprechen
		Sie sprechen

・du/er で e が i になる。

過去 **sprach**	過分 **gesprochen**

stehen＊ [ʃtéːən シュテーエン] ────

立っている

Dort *steht* eine Kirche.
あそこに教会が立っています。

現在	ich stehe	wir stehen
	du stehst	ihr steht
	er steht	sie stehen
		Sie stehen

過去 **stand**	過分 **gestanden**

studieren [ʃtudíːrən シュトゥディーレン] ────

大学で学ぶ，専攻する

Studierst du Germanistik?
専攻はゲルマニスティク？

現在	ich studiere	wir studieren
	du studierst	ihr studiert
	er studiert	sie studieren
		Sie studieren

過去 studierte	過分 studiert

・過去分詞で ge- を付けない。

suchen [zúːxən ズーヘン] ────

探す

Suchst du etwas?
何か探してるの？

現在	ich suche	wir suchen
	du suchst	ihr sucht
	er sucht	sie suchen
		Sie suchen

過去 suchte	過分 gesucht

sich **treffen**＊ [tréfən トレッフェン] ────

（申し合わせて）**会う**（再帰的用法で）

Ich *treffe* mich um vier mit Paul und Julia.
4 時にパウルとユーリアと会うことにしてる。

現在	ich treffe mich	wir treffen uns
	du **triffst** dich	ihr trefft euch
	er **trifft** sich	sie treffen sich
		Sie treffen sich

・du/er で e が i になる。

過去 **traf**	過分 **getroffen**

trinken＊ [tríŋkən トリンケン] ────

飲む

Was *trinkst* du?
君は何を飲むの？

現在	ich trinke	wir trinken
	du trinkst	ihr trinkt
	er trinkt	sie trinken
		Sie trinken

過去 **trank**	過分 **getrunken**

überlegen＊ [yːbərléːgən ユーバーレーゲン] ────

よく考える，熟考する

Ich *überlege* noch.
まだ考えてるところ。

現在	ich überlege	wir überlegen
	du überlegst	ihr überlegt
	er überlegt	sie überlegen
		Sie überlegen

過去 überlegte	過分 überlegt

・過去分詞で ge- を付けない。

verschlafen* [fɛrʃláːfən フェアシュラーフェン]

寝坊する

Vielleicht hat er *verschlafen*.
もしかしたら寝坊しちゃったんじゃないかな。

現在	ich verschlafe	wir verschlafen
	du **verschläfst**	ihr verschlaft
	er **verschläft**	sie verschlafen
	Sie verschlafen	

・du/er でウムラウトする。

過去 **verschlief** 過分 **verschlafen**

・過去分詞で ge- を付けない。

sich verspäten* [fɛrʃpéːtən フェアシュペーテン]

遅れる（再帰的用法で）

Aber *verspäte* dich nicht!
でも遅れないでよ！

現在	ich verspäte mich	wir verspäten uns
	du **verspätest** dich	ihr **verspätet** euch
	er **verspätet** sich	sie verspäten sich
	Sie verspäten sich	

・du/er/ihr で口調上の e を入れる。

過去 verspäte**te** 過分 verspät**et**

・過去分詞で ge- を付けない。

vor|haben* [fóːrhaːbən フォーア・ハーベン]

予定している

Hast du morgen Abend schon etwas *vor*?
明日の夜はもう何か予定ある？

現在	ich habe … vor	wir haben … vor
	du **hast** … vor	ihr habt … vor
	er **hat** … vor	sie haben … vor
	Sie haben … vor	

・du/er で不規則。

過去 **hatte** … vor 過分 vor**gehabt**

weg|werfen* [vékvɛrfən ヴェック・ヴェルフェン]

捨てる，投げ捨てる

Dein Opa will wirklich alles *wegwerfen*?
おじいちゃん，本当に全部捨てるつもりなの？

現在	ich werfe … weg	wir werfen … weg
	du **wirfst** … weg	ihr werft … weg
	er **wirft** … weg	sie werfen … weg
	Sie werfen … weg	

・du/er で e が i になる。

過去 **warf** … weg 過分 weg**geworfen**

wissen* [vísən ヴィッセン]

知っている

Ja, ich *weiß*.
うん，分かってるよ。

現在	ich **weiß**	wir wissen
	du **weißt**	ihr wisst
	er **weiß**	sie wissen
	Sie wissen	

・ich/du/er で不規則。

過去 **wusste** 過分 **gewusst**

wohnen [vóːnən ヴォーネン]

住んでいる

Sie *wohnt* in Trier.
彼女はトリアに住んでいます。

現在	ich wohne	wir wohnen
	du wohnst	ihr wohnt
	er wohnt	sie wohnen
	Sie wohnen	

過去 wohn**te** 過分 **ge**wohn**t**

wollen* [vɔ́lən ヴォレン]

…するつもりだ，…したい

Ich *will* zu Makiko fahren.
マキコのところに行きたいんだけど。

現在	ich **will**	wir wollen
	du **willst**	ihr wollt
	er **will**	sie wollen
	Sie wollen	

・ich/du/er で不規則。

過去 **wollte** 過分 **wollen / gewollt**

zeigen [tsáɪɡən ツァイゲン]

見せる，案内する

Thilo *zeigt* Naoki Trier.
ティーロがナオキにトリアを案内しています。

現在	ich zeige	wir zeigen
	du zeigst	ihr zeigt
	er zeigt	sie zeigen
	Sie zeigen	

過去 zeig**te** 過分 **ge**zeig**t**

重要不規則動詞一覧

不定詞	直説法		接続法 第2式	過去分詞
	現在	過去基本形		
bleiben とどまる		**blieb**	bliebe	**geblieben**
bringen 持って行く		**brachte**	brächte	**gebracht**
denken 思う		**dachte**	dächte	**gedacht**
dürfen …してもよい	*ich* darf *du* darfst *er* darf	**durfte**	dürfte	**dürfen** **gedurft**
essen 食べる	*du* isst *er* isst	**aß**	äße	**gegessen**
fahren （乗り物で）行く	*du* fährst *er* fährt	**fuhr**	führe	**gefahren**
fallen 落ちる	*du* fällst *er* fällt	**fiel**	fiele	**gefallen**
finden 見つける		**fand**	fände	**gefunden**
fliegen 飛ぶ		**flog**	flöge	**geflogen**
geben 与える	*du* gibst *er* gibt	**gab**	gäbe	**gegeben**
gehen 行く		**ging**	ginge	**gegangen**
haben 持っている	*du* hast *er* hat	**hatte**	hätte	**gehabt**
halten つかんでいる	*du* hältst *er* hält	**hielt**	hielte	**gehalten**
heißen …という名前だ		**hieß**	hieße	**geheißen**
helfen 手伝う	*du* hilfst *er* hilft	**half**	hülfe (hälfe)	**geholfen**
kennen 知っている		**kannte**	kennte	**gekannt**
kommen 来る		**kam**	käme	**gekommen**
können …できる	*ich* kann *du* kannst *er* kann	**konnte**	könnte	**können** **gekonnt**
lassen …させる	*du* lässt *er* lässt	**ließ**	ließe	**lassen** **gelassen**
laufen 走る	*du* läufst *er* läuft	**lief**	liefe	**gelaufen**
lesen 読む	*du* liest *er* liest	**las**	läse	**gelesen**
liegen 横になっている		**lag**	läge	**gelegen**
mögen …が好きだ	*ich* mag *du* magst *er* mag	**mochte**	möchte	**gemocht** **mögen**
müssen …ねばならない	*ich* muss *du* musst *er* muss	**musste**	müsste	**müssen** **gemusst**

不定詞	直説法		接続法 第2式	過去分詞
	現在	過去基本形		
nehmen 取る	*du* nimmst *er* nimmt	**nahm**	nähme	**genommen**
rufen 呼ぶ		**rief**	riefe	**gerufen**
schlafen 眠る	*du* schläfst *er* schläft	**schlief**	schliefe	**geschlafen**
schließen 閉める		**schloss**	schlösse	**geschlossen**
schreiben 書く		**schrieb**	schriebe	**geschrieben**
schwimmen 泳ぐ		**schwamm**	schwömme (schwämme)	**geschwommen**
sehen 見える	*du* siehst *er* sieht	**sah**	sähe	**gesehen**
sein …である	*ich* bin *du* bist *er* ist *wir* sind *ihr* seid *sie* sind	**war**	wäre	**gewesen**
sitzen 座っている		**saß**	säße	**gesessen**
sollen …すべきだ	*ich* soll *du* sollst *er* soll	**sollte**	sollte	**sollen** **gesollt**
sprechen 話す	*du* sprichst *er* spricht	**sprach**	spräche	**gesprochen**
stehen 立っている		**stand**	stünde (stände)	**gestanden**
sterben 死ぬ	*du* stirbst *er* stirbt	**starb**	stürbe	**gestorben**
tragen 運ぶ	*du* trägst *er* trägt	**trug**	trüge	**getragen**
treffen 会う	*du* triffst *er* trifft	**traf**	träfe	**getroffen**
trinken 飲む		**trank**	tränke	**getrunken**
tun する		**tat**	täte	**getan**
waschen 洗う	*du* wäschst *er* wäscht	**wusch**	wüsche	**gewaschen**
werden …になる	*du* wirst *er* wird	**wurde**	würde	**geworden** **worden**
wissen 知っている	*ich* weiß *du* weißt *er* weiß	**wusste**	wüsste	**gewusst**
wollen …するつもりだ	*ich* will *du* willst *er* will	**wollte**	wollte	**wollen** **gewollt**
ziehen 引く		**zog**	zöge	**gezogen**

著　者

大薗正彦（おおぞの　まさひこ）
　静岡大学

Roland Schulz（ローランド・シュルツ）
　島根大学

西脇　宏（にしわき　ひろし）
　元・島根大学

行重耕平（ゆくしげ　こうへい）
　島根大学

ドイツ語ベーシック・コース［三訂版］

2024 年 2 月 20 日　第 1 版発行

著　者——大薗正彦
　　　　　Roland Schulz
　　　　　西脇　宏
　　　　　行重耕平

発行者——前田俊秀

発行所——株式会社三修社

　　　　　〒 150-0001 東京都渋谷区神宮前 2-2-22
　　　　　TEL 03-3405-4511 / FAX 03-3405-4522
　　　　　振替 00190-9-72758
　　　　　https://www.sanshusha.co.jp
　　　　　編集担当　菊池　暁

組版所——株式会社欧友社
印刷所——広研印刷株式会社

© 2024 Printed in Japan ISBN978-4-384-12311-1 C1084

表紙デザイン —— 土橋公政
本文イラスト —— 佐藤睦美
　　本文図版 —— P. 80 下（左から）
　　　　　　　　© iStockphoto.com / kilukilu, miteman,
　　　　　　　　　pearleye, ErikedeGraaf, Klenger, Merts
　　本文写真 —— 石田沙耶香　　鈴木明果　　永町公太　　村上奈緒美